으지직, 어금니를 잃고도
나는 먹었네

글 남재숙

들어가며

어느 날 꿈을 꾸었다. 생니가 빠지는 꿈이었다. 그리고 그날, 할머니가 돌아가셨다. 한동안 할머니가 나오는 꿈을 자주 꾸었다. 꿈속에서도 할머니가 돌아가셨다는 말을 듣고 믿기지 않아 울곤 했다.

할머니가 세상을 떠난 지 일곱 해가 지났다. 때때로 할머니가 차려주시던 밥상이 그립다.

밥 냄새는 오래 남는다. 어릴 적 시골집의 아침, 부엌은 언제나 소리와 냄새로 가득했다. 압력밥솥의 추가 칙칙거리며 흔들리던 소리, 도마 위를 오가던 칼의

리듬, 은은하게 퍼지던 된장찌개의 구수한 냄새. 그 모든 것이 내 오감을 깨우며 하루의 시작을 알렸다. 윤기 흐르는 쌀밥에 된장찌개 한 숟가락이면 세상이 든든했다.

할머니의 주름진 손등, 소박하지만 정갈한 밥상 위에서 나는 배부름을 넘어 마음의 안정을 배웠다. "사람은 밥심으로 살아야 한다."는 할머니의 말씀처럼, 오늘도 나는 그 밥심으로 살아간다.

이제는 그 사랑을 이어가고 싶다. 아이가 먹는 밥 한 숟가락에, 내가 받은 기억과 온기를 고스란히 담고 싶다. 서툴지만 노력해 보려고 한다. 언젠가 내 아이의 기억 속에도 '밥 냄새로 하루를 열고, 밥 냄새로 하루를 마무리하던 집'이 남기를 바란다. 그 바람으로, 나는 이 책의 첫 장을 연다.

차례

들어가며 2

1부 – 입안에서 피어나는 추억

으지직, 어금니를 잃고도 나는 먹었네 9
열한 살 요리사의 셀프 생일상 24
파다하게 퍼진, 우리 할머니의 보물 지도 32
들통난 앵두 서리, 그래도 해피엔딩 42
대호지 중학교 동창회, 연 2회 쌉가능 51
찬밥 신세와 별미 사이 60
어느 여름날의 잔향 68
입천장 데게 한 이것, 맛도 추억도 최고 76

차례

2부 - 밥 냄새나는 집을 만들고 싶어

꽃이 언제 피는지 그딴 게 뭐가 중요한데 87

나는 윗집 사람들의 전화번호를 알고 있다 97

나를 위한 이벤트? 괜히 설렜네 104

파충류 못 만지세요? 115

"엄마는 해도 되고, 나는 왜 안 돼?" 123

기분이 태도가 됩니다, 집에서는 133

딸에게 준다, 햄버거 대신 밥 냄새를 142

나가며 150

1부

입안에서 피어나는 추억

으지직, 어금니를 잃고도 나는 먹었네
할머니의 인생을 닮은 박하지장

주말에 친정엄마가 연락했다. 박하지장을 담글 것이니 가져다 먹으란다. 그 말에 딸아이와 설레는 마음으로 친정으로 향했다. 아이스박스를 열자, 차가운 얼음 사이로 박하지가 가득 들어있었다. 차가운 얼음찜질에 기절한 듯 조용하던 게들은 대야에 쏟아 넣자 금세 몸을 일으켰다. 죽음을 예감한 건지, 아니면 그제야 감각이 돌아온 건지 앙상한 다리를 허우적거리며 서로 뒤엉켜 발라당 뒤집힌다.

"엄마, 꽃게야! 옆으로, 옆으로."

딸아이는 게걸음을 흉내 내며 까르르 웃었다. 작은 손을 흔들며 신나게 춤추는 얼굴에, 문득 어린 시절 내 모습이 겹쳐 보였다.

돌게라고도 부르는 박하지는 어릴 적 우리집에서 자주 먹던 음식이었다. 박하지는 꽃게보다 크기는 작지만 결코 맛은 꽃게에 뒤지지 않았다. 어린 시절, 수산시장 한 번 다녀오려면 버스 정류장까지 30분을 걷고, 버스를 타고 또 40분을 가야 했기 때문에 박하지를 먹기까지 보통 수고로운 것이 아니었다.

시장은 시골 소녀에게 재미난 구경거리 중 하나였다. 우리집에서 서산이나 당진 시장이나 거리가 비슷했기에, 우리는 장이 큰 서산으로 다녔다. 서산 동부시장 7일장이 열리는 날이면 거리는 아침부터 활기로 들떴다. 비릿한 바다 냄새, 오가는 사람을 붙잡고 흥정하는 장돌뱅이의 목소리, 이름 모를 생선이 즐비한 풍경. 그 모든 것이 시골 소녀에게는 또 다른 세상이었다. 할머니와 함께 시장에 가면 늘 코스는 정해져 있었다.

먼저 상회에 가서 농사지은 콩이나 깨를 팔고, 그 돈으로 옷과 운동화를 샀다. 점심은 단골 찐빵집에서 팥이 잔뜩 들어있는 찐빵으로 배를 두둑이 채운 다음 두부, 콩나물 같은 반찬거리와 박하지를 바리바리 보자기에 싸서 머리에 이고 돌아오는 것이었다. 할머니는 중간에 손녀딸을 위해 뻥튀기집을 들르는 것도 잊지 않았다.

집에 돌아오는 길은 항상 조마조마했다. 어디선가 비릿한 바다 냄새가 나서 이리저리 살펴보면, 버스 바닥에 한 자리 차지하고 있는 할머니의 보따리가 젖어 있었기 때문이다. 검은 봉지 안에 있던 박하지들도 버스 풍경이 궁금했는지 비닐봉지를 뾰족한 발로 뽕뽕 뚫는 바람에 얼음물이 새고 있었다. 비린내는 금방 버스 전체로 퍼졌다.

"물건을 그렇게 싸서 가지고 다니면 어떡해요!"

버스 기사의 타박을 듣기 일쑤였다. 기사는 내리는 문 옆에 세워놓았던 더러운 대걸레로 할머니 발밑에 있는 보자기 주위를 대충 문질렀다. 소녀는 버스 기사와 사람들의 눈치를 살피느라 버스에서 내릴 때까지 긴장의 끈을 놓을 수 없었다.

우여곡절 끝에 버스 정류장에서 내리면 소녀는 안도의 한숨을 내쉬며, 양손에 든 검은 봉지를 덜렁덜렁 흔들며 걸었다. 왼손에는 곡물을 팔아 산 옷이나 운동화, 오른손에는 뻥튀기 한 봉지를 들고 있었다. 양손에서 느껴지는 풍족감에 깨금발로 걷기도 하고, 뒤로 걷기도 하면서 오두방정을 떨었다. 할머니 얼굴은 땀범벅이었다. 할머니는 나무 그늘에서 쉬었다 가자며 머리에 인 보따리를 내려놓고 땀을 식히곤 하셨다.

"할머니는 할아버지랑 어떻게 결혼했어요?"
"어떻게 하긴, 중매로 했지."
할머니는 궁금한 것도 많은 손녀의 질문에 바싹 마른 입을 다셔가며 살아온 이야기를 풀어 놓으셨다.

할머니는 한약방 집 둘째 딸로 태어났다. 머슴이 예닐곱은 되는 집에서 쌀밥을 먹으며 배고픔이란 것을 모르고 자랐다. 하지만 친정엄마가 아들을 낳지 못하자 계모가 집에 들어왔고, 그때부터 소녀의 비탈길 인생이 시작되었다. 계모는 열여섯 살이 된 전처의 딸을 가난한 집으로 시집보냈다.

어린 새댁은 시집오자마자 일제강점기의 직격탄을 고스란히 맞았다. 작은 시골 마을에 일본 광부 모집 소식이 돌았고, 열여덟의 새신랑은 일본 가서 돈을 벌어 오겠다는 말만 남기고 집을 떠났다. 금방 돌아온다던 새신랑은 몇 년이 지나도 소식도 없었다. 어린 새댁은 밤늦도록 삯바느질을 하다가 소쩍새 우는 소리에 서러워져 옷고름을 적시다 잠들었다. 새댁은 처녀들을 잡아간다는 흉흉한 소문과 구둣발로 대문을 박차고 들이닥쳐 쇠붙이란 쇠붙이는 다 긁어가던 일본 순사들을 마주할 때마다 벌렁거리는 심장을 부여잡았다. 그리고 빨리 새날이 오기를 기도했다.

새날이 현실이 된 어느 날, 스물여섯의 여인 앞에 한 사내가 마주 섰다. 돈을 벌어 오겠다며 떠났던 새신랑은, 떠난 지 열 해 만에 빈손으로 고향에 돌아왔다. 그리워하던 고향 집에 돌아왔지만, 사내의 마음은 좀처럼 자리를 잡지 못했다. 그는 술에만 기대어 하루하루를 흘려보냈다.

여인은 생각했다. 남편이 맨정신으로는 버틸 수 없을 만큼, 일본에서의 세월이 고통스러웠을 것이라고. 그러다 문득, 그곳에서 이미 다른 삶을 꾸리고 살았을지도 모른다는 생각이 스쳤다. 혹은 두고 온 처자식을 그리워하는 것일지도 모른다 싶어 가슴이 저며왔지만, 마음 한편에 묻고 살기로 했다.

남편 없이 시부모를 모시고 눈물의 세월을 보낸 여인은 남편과 재회하고 일 년 후, 결혼한 지 열한 해 만에 첫아이를 낳았다. 여인의 나이 스물일곱에. 첫아이를 낳고 아래로 여섯을 더 낳았지만, 열병으로 갓난쟁이 둘을 가슴에 묻어야 했으며 지긋지긋한 가난과 싸워야 했다.

할머니는 수수죽도 배불리 못 먹는 식구들을 위해 아랫말로 나가 굴이며, 능쟁이, 바지락 등 해산물을 잡아 식구들을 먹여 살렸다. 할아버지는 칠흑 같은 어둠을 헤치고 바다로 나가 박하지를 잔뜩 잡아오곤 했다.

1981년 이후로 할머니는 친정엄마 품과 같던 바다에 나갈 수 없었다. 우리 지역에 간척지 개발사업이 시작되면서, 마을에 있던 바다가 논과 밭으로 바뀌었기 때문이다. 지금은 길옆의 절벽이나 바위에 간간이 붙어 있는 굴 껍데기만이 옛날에 이곳이 바다였음을 말해줄 뿐이다. 할머니는 바다가 사라진 후, 바다 대신 시장에서 박하지를 사다 나르며 헛헛한 마음을 채

우셨다.

　친정엄마는 냄비에 1대 1로 섞은 물과 간장, 그리고 각종 야채를 넣은 후, 냄비를 불에 올려놓는다. 그사이 박하지를 칫솔로 박박 닦아 시원한 냉수 마사지를 시킨 후, 한약 달이듯 정성스레 달인 간장은 야채를 건진 다음 식힌다. 손 많이 가는 음식을 별로 해주지 않던 엄마가 박하지장을 담그는 모습은 조금 낯설다. 엄마는 간장보다 빨갛고 매콤하게 무친 양념게장을 더 좋아하기 때문이다. 게다가 엄마는 장아찌 종류를 싫어했다. 어릴 적 지겹게 먹어서. 그런 엄마가 웬일로 박하지장을 담그는 걸까.

　박하지가 담긴 통에 식힌 간장 폭포가 쏟아졌다. 게들은 기어 나오려고 난리 치며 마지막 발악을 한다. 힘이 정말 세다. 안도현의 '스며드는 것'에 등장하는 게들처럼 울컥울컥 죽음을 받아들였는지, 잔물결이 일던 간장 수면이 곧 잠잠해졌다.

할머니는 시장에서 박하지를 사 오자마자 게 위에 소금을 뿌리셨다. 짜다는 며느리의 말에 곯으면 못 쓴다며 소금에 박하지를 절이셨다. 할머니는 냉장고가 없던 시절에나 썼던 방식을 고수하셨다. 그래서 할머니의 박하지장은 할머니 인생만큼이나 짭조름했다. 할머니가 간장을 끓일 때 넣는 재료들은 다시마, 대파, 양파, 마늘 등 특별할 것도 없는 평범한 것들이었다. 간장 달일 때 나는 짠 내는 그다지 좋지 않았다. 할머니는 '휴' 한숨을 내쉬며, 부글부글 끓어오르는 간장 거품을 연신 걷어내고 야채를 건지셨다. 달인 간장을 반나절 식혔다가 '끙'하고 박하지 위에 간장을 부으면 고된 작업이 끝났다.

박하지장을 담근 후 이튿날, 할머니는 간장을 다시 따라서 끓여 부으셨고, 사흘째 되는 날이면 게장이 밥상에 올라왔다. 부엌에서 탕탕거리는 소리가 나면 으레 기대가 되었다. 박하지의 단단한 집게발은 칼등으로 여러 번 내려쳐야 겨우 부서졌다. 흠집이 덜 난 집게발을 함부로 씹다간 생니가 나갈 수도 있었다. 그래도 소녀는 단단한 집게발을 호기롭게 입에 넣었다.

"으지직." 소리와 함께 손바닥에 하얀 어금니를 뱉어냈다. 지금 내 입에는, 할머니의 게장을 나만큼 좋아한 사람은 없다는 걸 증명하듯 노란 어금니 하나가 훈장처럼 빛나고 있다.

밥상에 박하지장이 올라오면, 철없는 소녀는 게 부위 중 가장 맛있는 게딱지에 눈독을 들였다. 하지만 할머니는 언제나 게딱지를 아빠 공깃밥에 올려주셨다. 그렇다고 덥석 받을 아빠가 아니었다. 목적지 잃은 게딱지는 할머니와 아빠, 엄마 사이에서 주거니 받거니 하다 결국 종착지는 내 공깃밥이 되곤 했다. 소녀는 게딱지에 밥을 야무지게 싹싹 비벼 맛나게 먹었고, 할머니는 늘 물에 만 밥 한술에 짠 간장 국물만 떠 드셨다. 할머니는 아들이 올려주는 게 다리 한쪽, 그게 뭐라고 거절하다가 마지못해 붙잡고 간장 맛이 없어질 때까지 게 껍데기만 빨아 드셨다.

친정엄마는 할머니가 없었으면 우리 다섯 남매를 키우지 못했을 것이라고 했다. 어릴 적, 부모님은 새벽 4시 반이면 목장에 나가서 밤 9시가 되어서야 집에 들어와 저녁을 한술 뜨셨다. 그래서 나와 동생들은 부모님보다 할머니와 함께 있는 시간이 더 많았고, 아침밥이며 도시락, 빨래, 청소 등 할머니의 손길이 닿지 않은 살림이 없었다. 할머니는 아빠가 입맛 없다고 하면

박하지를 사러 나가셨다. 아빠는 할머니의 박하지장이 보약이라고 하셨다. 짭조름한 할머니표 박하지장만 있으면 식구들은 밥을 두 그릇씩 먹었다. 입 짧아 부모 속을 태우는 서울 사는 손녀도, 먼 길 달려 고향에 온 아들딸도 체면 차리지 않고 손에 쥐고 쪽쪽거리게 만드는 별미였다.

병원과는 거리가 멀었던 할머니, 어느 날 갑자기 98세에 돌아가셨다. 할머니가 돌아가신 이후, 우리집 식탁에는 엄마표 게장이 올라왔다.

죽음의 문턱에서도 증손녀의 이름을 부르시며 어린이집은 잘 다니는지, 손녀사위는 건강한지 걱정까지 하시던 할머니의 모습이 아른거린다. 거의 한 세기를 사신 할머니께 저승에서 누군가 당신의 인생은 어땠느냐고 물으면 뭐라 답하실까. 때로는 차가운 역사의

칼바람 때문에, 때로는 가난의 크기만큼 쪼그라드는 가슴 때문에 쓰고 짜기도 했지만, 그래도 가족이 있어 내 인생은 달았다고 말하며 미소짓지 않으실까.

친정엄마가 싸 준 박하지장을 꺼냈다. 등딱지를 떼어내고 몸통을 네 토막으로 서걱서걱 잘랐다. 집게발도 먹기 좋게 칼등으로 탕탕 부쉈다. 잘 익은 홍시 같은 다홍빛 내장이 입맛을 돋운다. 게 한쪽을 들어 입에 넣자, 바삭거리는 껍데기 사이로 야들야들한 게살이 물컹 쏟아진다. 짭조름한 간장 맛이 침샘을 자극하자 달착지근한 게살이 입안에 퍼지면서 바다 냄새가 밀려온다. 게살은 어느새 입안에서 땅 위에 살포시 내려앉은 첫눈처럼 사르르 녹아 사라졌다.

소화가 안 된다며 죽만 드시던 할머니께 그 좋아하시던 박하지장이라도 사다 드렸으면 좋았을 텐데. 게

살이 별로 없어 먹을 게 없다며 투정하는 손녀에게 야들야들한 게살을 발라 밥숟가락에 얹어주시던 할머니. 꿈에서나마 밥에 물 말아 한술 뜬 할머니의 밥숟가락 위에 부드러운 게살을 올려 드리고 싶다.

열한 살 요리사의 셀프 생일상

딸아이 생일에 떠오르는 어린 시절

딸아이의 생일이 다가오면 당일 아침에 제과점에서 케이크를 사 올 생각을 한다. 하지만 남편은 언제나 미리 특별한 케이크를 주문해 둔다. 부모님 생신도 아니고 아이 생일에 그렇게까지 할 필요가 있냐며 나는 종종 반대하지만, 결국 남편의 말대로 된다. "애가 많지도 않고, 하나뿐인데." 그의 말에는 쉽게 반박하기 어렵다.

왕관을 얹은 아이보리색 2단 케이크는 꽤 우아하다. 꾸덕한 치즈 크림은 생크림보다 덜 느끼해 나름 괜찮지만, 사악한 가격 탓에 남편을 향한 내 시선은 곱지 않다. 공주 드레스를 입은 아이는 여러 포즈를 취하며 사진을 찍었고, 아이의 이모는 화려한 케이크를 보며 부러운 듯 말했다.

"하은이는 좋겠다. 이모는 어렸을 때 생일 케이크 한 번도 못 먹어봤는데."

맞다. 그랬다. 어린 시절, 생일이면 미역국 한 그릇이 전부였다. 다섯 남매 중 유일한 아들인 막내만 케이크를 받았던 기억도 있었지만, 엄마는 아니라고 하셨다. 공평하게 아무도 안 사줬다고. 그 시절엔 친구 생일에 초대받아 가도 케이크 있는 집은 드물었다. 초코파이에 초를 꽂거나 과자, 과일을 내놓는 정도였다. 진짜 케이크는 1년에 한 번, 할머니 생신 때만 맛볼 수 있었다. 그날이면 크림을 아껴가며 핥아먹고, 핑크색 가짜 꽃장식까지 오독오독 씹어 먹었다.

초등학교 4학년 어느 봄날, 여자아이들끼리 생일에 돌아가며 초대하기로 했다. 하지만 나는 걱정이 앞섰다. 우리집에 내놓을 게 없었기 때문이다. 과자라고는 쌀을 튀겨 물엿으로 굳힌 '오꼬시' 뿐. 아이들은 잘 먹지 않았고, 대용량으로 사놓은 그 과자는 먹어도 먹어도 줄지 않았다.

내 생일에도 부모님은 새벽부터 일을 나가셨다. 미역국은 끓여 놓고 가셨지만, 나는 애들이 올 텐데 줄게 없다며 툴툴댔다. 그때 할머니가 찹쌀가루를 꺼내셨다. 찹쌀가루에 소금을 조금 넣고 뜨거운 물로 익반죽을 한 뒤 동그랗게 빚어 팬에 앞뒤로 지졌다. 여기에 뒷산에서 딴 진달래꽃을 얹어 다시 지져 만든 화전.

"케키가 어딨어. 이게 케키지."

할머니는 그렇게 말씀하시고 바깥일을 나가셨다. 케이크 타령을 하는 나에게 할머니는 케이크라며 화전을 부쳐주셨다. 말도 안 된다고 생각했지만, 꽃을 얹으니 정말 케이크 같았다. 그래도 이것만으로는 부족했다. 내 손으로 생일상을 차려야 했다. 감주(식혜), 화전, 오꼬시로 상을 차렸다. 친구들은 감주를 맛있다며 잘 마셨고, 식어 굳은 화전은 다시 데워 내려다 그만 팬에 들러붙어 떡처럼 되어버렸다.

"설탕에 찍어 먹으면 더 맛있겠다."

친구의 말에, 싱크대 아래 숨겨놓은 아카시아 꿀단지를 꺼냈다. 꿀을 흘리고, 뚜껑은 잘 닫히지 않았지만, 친구들은 웃으며 화전을 쭉쭉 늘려가며 꿀에 찍어 먹었다. 생일이라고 친구들에게 선물도 받았다. 공책이나 연필이 대부분이었지만, 꽃 농사를 짓는 친구가 가져온 빨간 튤립 화분은 특별했다. 진달래가 시골 소녀 같았다면, 튤립은 도시 아가씨 같았다. 누군가에게 꽃을 선물 받는 기분을 그때 처음 알았다.

핸드폰도 없던 시절, 우리는 늘 산과 들을 누비며 놀았다. 샘에 가면 옷이며 신발이 다 젖도록 해가 질 때까지 있었다. 촘촘한 플라스틱 바구니를 들고 가서 샘 주변에서 뜨기만 하면 송사리, 고둥, 운이 좋으면 붕어까지 잡았다. 매번 주스 병에 넣어 키우다가 며칠 안 되어 다 죽었어도 같이 간 친구보다 많이 잡으려고 욕심을 냈다. 생일에는 친구들이 잡은 물고기를 몇 마리씩 내 병에 넣어주며 특별대우를 해주었다.

"배고프다. 너희 집 가서 김치부침개 해 먹자."
놀다 배가 고파진 아이들에게 김치부침개를 해주었다. 집에 넉넉히 있는 것이라고는 김치밖에 없었다.

잘 익은 김치를 잘게 썰어 넣은 반죽을 질지 않고 되직하게, 설탕을 듬뿍 넣어 부치면 아이들은 허겁지겁 먹었다. 맛의 비법은 설탕이란 사실은 모르고 엄마가 해준 것보다 맛있다고 했다. 부침개를 해 먹은 후, 뒷정리를 한다고 해도 손끝이 여물지 못했다. 싱크대 위에 흘린 설탕 가루와 김치국물을 말끔히 닦지 못해 어른들에게 혼났다. 그래도 깔깔거리며 맛있게 먹던 친구들의 얼굴이 계속 떠올라, 다음에는 더 맛있게 해주겠다고 생각했다.

그 시절은 분명 가난했지만, 이상하게도 크게 불편하다는 생각은 들지 않았다. 모두가 그렇게 살았기 때문이었을 것이다. 할머니가 지져주신 화전은 떡이 되었어도 지금의 케이크보다 맛있었다. 나는 이제 딸아이 생일에 케이크를 주문하는 엄마가 되었다. 진달래 화전과 김치부침개를 떠올릴 때면 어느새 아이가 되어 있다. 내 마음을 달래주고, 마음을 키워주던 음식과 기억들은 모두 소박한 것들이었다.

작가 김영하는 『단 한 번의 삶』에서 생일 축하를 "삶의 부조리를 잠시 잊게 해주는 의식"이라 표현했다. 누군가가 내 생일을 기억하고, 상을 차려주는 행위는 그 자체로 "당신은 혼자가 아니다"라는 다정한 확인이 된다. 케이크가 없는 생일이었어도 내 생일을 잊지 않았다는 징표처럼 미역국 한 그릇과 화전 한 접시, 그리고 친구들이 있어 외롭지 않았다.

할머니가 돌아가신 지 벌써 일곱 해가 지났지만, 여전히 꿈속에서는 할머니와 함께 어릴 적 그 집을 본다. 새집을 지은 지도 십여 년이 넘었지만, 내 꿈속 '우리집'은 늘 대청마루가 있던 그 옛집이다. 앞마당 수 돗가에서 나물을 다듬던 풍경, 고소한 냄새로 가득하던 주방. 그리고 봄이면 어김없이 처마 밑에 둥지를 틀던 제비 가족까지. 그 집은 여전히 내 마음 깊은 곳에 살아 있는 '진짜집'이다.

봄이면 산과 들을 물들이는 진달래꽃. 조선 시대에는 양반가에서 삼짇날 진달래 화전을 부쳐 액운을 막고 풍년을 기원했다고 한다. 나에게도 화전은 그런 의미다. 올봄에도 진달래 화전을 부치며, 모두 건강하고 무탈하기를 조용히 기도한다. 그 따뜻하고 수수한 정거움이 다시 내 마음을 물들인다.

입안에서 피어나는 추억

파다하게 퍼진, 우리 할머니의 보물 지도

고사리 꺾던 시절의 행복

집 근처에 낯선 차량이 하나둘씩 보이기 시작한다. 봄만 되면 어김없이 외지인들이 우리 마을에 출몰한다. 고사리를 꺾으러 온 사람들이다. 그 모습을 보면, 아, 봄이구나 싶다. 알록달록한 등산복에 배낭, 등산 스틱까지 챙긴 이들은 마치 등산대회라도 나온 듯 비장한 얼굴이다. 말은 없지만 눈빛만으로도 경쟁이 시작된 듯하다. 누가 더 많이, 누가 더 먼저 고사리를 꺾을 것인가. 그들만의 봄 사냥이 시작된다.

으지직, 어금니를 잃고도 나는 먹었네

집 뒤로 선산이 보인다. 산소 근처에 나뭇가지가 무성해지자 아빠는 햇볕이 들지 않는다며 나무 몇 그루를 베어냈다. 어디선가 날아온 포자가 자리를 잡은 걸까. 커다란 나무 그늘이 사라지자 양지바른 터엔 어김없이 봄마다 고사리가 지천으로 자랐다.

고사리는 꺾어도 며칠 지나면 다시 쑥쑥 올라왔다. 비가 온 뒤에는 하루 이틀 만에도 순이 솟아났다. 소문이 퍼지자 외지인들이 하나둘 찾아왔다. 회색 봉고차를 타고 온 사람들은 알록달록한 등산복 차림에 배낭과 포대를 든 채 새벽 산에 올랐다. 누군가는 "서울 사람들 또 왔네. 산에서 도시락까지 먹더라."고 혀를 찼고, 누군가는 "벌써 다 꺾어 갔더라."며 씁쓸하게 웃었다.

어릴 적, 나는 할머니를 따라 산에 다녔다. 고사리를 꺾는 날은 늘 이른 새벽부터 움직였다. 공기는 차고, 흙냄새는 이슬에 젖어 진하게 퍼졌다. 장화를 신고 모자를 눌러쓰고, 가시덤불을 조심스레 헤치며 앞서가는 할머니를 따라 산을 올랐다. 산 너머로 해가 붉게 떠오르면, 수줍게 고개를 든 고사리들이 얼굴을 내밀었다. 할머니는 금세 봉지에 고사리를 가득 채웠고, 나는 몇 주먹 꺾어 대충 봉지를 채우고 산을 내려왔다. 이웃을 만나면 누가 더 많이 꺾었는지 봉지를 들여다보며 은근히 경쟁하곤 했다. 커다란 포대를 반이나 채운 이웃을 보면 감탄이 절로 나왔다. 몇 포대씩 꺾어 시장에 내다 팔면 살림 밑천이 되었기에 노는 사람이 없었다.

산 위에 오르면 우리 마을이 한눈에 내려다보였다. 자모산이 아련히 보이는 한적한 풍경이 좋아 자꾸 뒤를 돌아봤다. 산 아래 펼쳐진 들판, 하늘과 맞닿은 능선이 마치 그림 같았다. 마을은 조용했고, 그래서 더 외롭고 쓸쓸해 보이기도 했다.

고사리만 보고 따라가다 할머니를 놓쳐 소리를 지른 적도 있었다. 아무 대답이 없어 덜컥 겁이 났던 순간, 고요한 산속에 나 혼자 남겨진 듯한 느낌이 아직도 생생하다. 산은 조용했지만 결코 만만치 않았다. 옷에는 도깨비풀이 수북이 붙었고, 덤불에 걸려 옷이 찢이지기도 했다. 누군가는 뱀을 봤다고도, 누군가는 길을 잃고 겨우 돌아왔다고도 했다. 산속 깊이 들어가는 건 늘 용기가 필요한 일이었다.

그럼에도 우리는 보물찾기하듯 허리를 굽혀 고사리를 하나하나 꺾었다. 더 많은 고사리를 얻기 위해선 사람 손길이 닿지 않은 깊고 험한 곳까지 들어가야 했

다. 그런 곳은 어린 내겐 두려움의 대상이었기에, 고
사리 한 줌에도 그날의 용기와 떨림이 고스란히 배어
있었다.

"대왕 고사리다!"

의기양양하게 큰 고사리를 꺾었지만, 할머니는 그
런 건 쇠어서 못 먹는다며 고개를 저으셨다. 할머니를
따라 취나물도 뜯고, 영지버섯도 따봤지만 내가 따온
건 늘 엉뚱한 것이었다. 그래도 고사리는 제법 잘 꺾
었다. 한 봉지 가득 채워 내려올 때면 살림에 보탬이
된 것 같아 마음이 뿌듯했다.

"이만하면 됐다. 가자!"

할머니는 시장 가방이 가득 차면 산길을 내려왔다.
집에 돌아오면 커다란 냄비에 고사리를 삶았다. 끓는
물에 소금을 넣고 데친 고사리는 여러 번 찬물에 헹궈

야 독성이 없어진다고 하셨다. 남은 독을 완전히 빼기 위해 찬물에 담가 두었다가, 햇볕에 말리면 비로소 밥상에 오를 자격이 생겼다. 삶은 고사리를 앞마당에 하나하나 고르게 펴 말리는 할머니의 손길은 마치 도를 닦는 수행자 같았다.

마당에는 늘 고사리와 취나물, 영지버섯 같은 산의 선물이 자리를 차지하고 있었다. 말린 고사리를 다시 쌀뜨물에 불리면 미역처럼 양이 불었다. 쌀뜨물에 담가야 비린내와 쓴맛이 사라진다고 하셨다.

고사리는 변비 예방에 좋고, 항산화 성분이 풍부하다. 칼로리는 낮지만 비타민과 미네랄은 많다. 조리법도 어렵지 않다. 삶은 고사리는 물기를 꼭 짜서 간장, 파, 마늘, 참기름을 넣고 볶으면 밥도둑이 따로 없다. 중요한 것은 불 조절. 반나절 정도 불린 고사리를 삶을 때에는 끓기 시작하면 중불로 줄여 20~30분 이상을 넘기지 않아야 꼬들꼬들한 식감이 유지된다. 물컹한 고사리나물은 질색이다.

"마트에서 파는 고사리는 맛없어서 못 먹겠어요."

지인들은 해마다 할머니의 고사리를 기다리며 올해는 얼마나 꺾었는지 물었다. 매년 지인들과 고사리를 나눠 먹는 일은 할머니의 자부심이었다. 마트 고사리는 크고 굵어 물에 불려놓으면 퉁퉁 불었다. 한눈에 봐도 중국산이었다. 반면 우리 밥상에 오르는 고사리는 가늘고 짧았다.

"이게 무공해여."

할머니가 가장 좋아하시던 말이다. 모든 게 자연에서 나왔고, 삶고 볶으면 다 음식이 되었다. 어릴 땐 고사리가 썩 맛있진 않았다. 입맛에 맞는 반찬이 없을 때, 마지못해 먹던 음식이었다. 그런데 나이가 들수록 자연에서 나는 나물이 제일 맛있다. 손이 가는 음식도, 마음이 가는 음식도 그 시절 할머니 손맛을 닮았다.

고사리는 육개장에도 빠질 수 없다. 양지를 우려낸 국물에 찢은 고기, 데쳐 짠 고사리와 숙주를 양념해 넣고 끓이면 속이 푸근해지는 한 그릇이 된다. 매운 국물 속 고사리는 은근한 단맛을 내고, 씹을수록 봄내음이 퍼졌다. 가족이 둘러앉은 저녁, 육개장에 밥을 말아먹던 따뜻한 기억이 있다.

할머니가 친척 집에 가신 날에는 내가 밥을 해야 했다. 금방 한 밥에 냉장고에 있는 고사리나물, 생채, 무나물을 다 꺼내 큰 그릇에 쓸어 담고, 고추장과 들기름을 넣어 비볐다. 주걱으로 푹푹 퍼 대접에 담아냈다. 고기도 안 들어간 대충 만든 비빔밥이었지만, 식구들은 맛있다며 숟가락을 멈추지 않았다. 고사리에서 고기 맛이 나는 것 같았다. 어른 흉내 내며 밥을 차리는 것도 재미있었고, 식구들이 맛있게 먹는 모습을 보니 자꾸 웃음이 났다. 내 손으로 만든 밥 한 끼가 그날 우리집을 조금 더 따뜻하게 만든 것 같았다.

한 번은 선산에 둥굴레가 돋아났다. 엄마는 "좀 더 커서 퍼지면 조금씩 캐다 먹어야지."하시며 며칠을 오가며 지켜보았다. 하지만 어느 날, 그 자리에선 둥굴레가 자취도 없이 사라졌다.

"뭐 하나 남겨두질 않네."

엄마는 풀 죽은 목소리로 말하며 허탈하게 웃으셨다. 봄마다 반복되는 일이다. 산뿐 아니라 밭에 심어둔 농작물까지 몰래 뽑아가는 이들이 있다.

요즘은 고사리를 꺾으러 산에 갈 일이 거의 없다. 그래도 봄이 오면, 자꾸 그 시절이 떠오른다. 허리를 굽혀 보물찾기하듯 고사리를 꺾던 순간들, 쓸쓸하고 고요했던 산, 적막을 깨던 새 소리까지.

할아버지 산소 앞에서 고사리를 꺾던 할머니는 이제 그 옆자리에 누워 계신다. 선산에는 여전히 고사리가 자란다. 올해도 어김없이 봉고차를 타고 온 이들이 보물찾기를 한다. 그래서 엄마는 이제 할머니를 대신해 새벽이슬을 맞으며 더 일찍 산에 오른다. 그 봄날의 기억을 지키듯이.

들통난 앵두 서리, 그래도 해피엔딩

효능보다 그리움으로 남은 여름 과일 이야기

"아깝다. 저 귀한걸."

어쩌다 앵두나 보리수 열매가 바닥에 다 떨어진 것을 보면 그렇게 아까울 수가 없다. '청이라도 담갔으면 좋았을 텐데.' 바쁜 시골에서 보리수를 따기란 여간 번거로운 일이 아닐 것이다. 어릴 적, 흔히 먹던 열매를 지금은 구경하기가 어렵다. 우리집에 한 그루 있던 앵두나무는 어릴 적, 아빠가 일찍이 잘라버려서 없다. 할머니와 내가 이웃집에서 얻은 모종이나 꽃씨로 만든 꽃밭도 풀약을 주어 죽었다. 우리집에서 돈이 되지 않는 것, 일거리를 만드는 것들은 쓸모없었다.

학교 가는 길, 현주 언니네 집에는 이름 모를 꽃들이 계절마다 자태를 뽐내고 있었고, 집 앞뒤로는 앵두나무가 있었다. 대문 앞, 누런 털의 순한 어미개 '쫄쫄이'는 늘 젖이 붙어 무겁게 늘어졌고, 어린 강아지들이 달라붙어 곁을 파고들었다. 덕분에 이 집에서 강아지 '복실이'를 얻을 수 있었다.

등굣길에 바라보던 앵두는 하루가 다르게 붉게 익어갔다. 보리 벨 시기인 5월 말에서 6월에 열린다고 해서 보리 앵두라고도 불렀다. 푸른빛에서 점점 붉게 변해가는 열매를 바라보며 하루하루가 설렜다.

어느 날, 드디어 붉게 익은 앵두가 햇살을 받아 유리알처럼 반짝였다. 그 영롱한 빛깔에 발걸음을 멈추지 않을 수 없었다. 팔만 뻗으면 닿을 듯했다. 낮은 곳에 있는 나뭇가지를 눈여겨보았다.

"현주 언니네 앵두 다 익었던데, 따러 갈래?"

하교 후, 할 일 없는 시골 아이들은 그렇게 자연스레 모여 앵두 서리를 하러 갔다. 집 앞 나무는 너무 잘 보여서 집 뒤에 있는 나무로 갔다. 쌓아둔 비료 포대와 고무통 위로 올라가야 손이 닿았다. 아이들은 앵두를 따서 주머니에 넣기도 하고, 그대로 입에 털어 넣기도 했다. 담을 통을 가져오지 못한 게 아쉬워 결국 가지째 꺾어버렸는데, 멀리서 일하던 주인아주머니와 아저씨가 집으로 향하는 모습이 보였다.

"야, 집으로 오신다. 도망가자!"

으지직, 어금니를 잃고도 나는 먹었네

엎어놓은 고무통 위에 올라갔던 아이들이 후다닥 내려오다 넘어지고, 돌부리에 걸려 엎어지고 난리가 났다. 심장이 쿵쿵 뛰고, 손바닥이 까져 쓰라렸지만 다행히 걸리지 않아 안도의 한숨을 쉬었다.

"뽀로수라도 따러 갈래?"

우리집 맞은편 빈집 앞에는 보리수나무가 있었다. 새빨갛게 익은 보리수는 손끝에 닿자마자 터져 시큼달달한 즙을 쏟아냈다. 그 즙은 옷을 누렇게 물들였고, 놀아오면 엄마의 잔소리가 기다렸다. 입술이 아리도록 보리수를 쏟아붓고 동네를 내달리던 여름, 아이들의 얼굴도 보리수만큼이나 물들어 있었다.

보리수를 따고, 숨바꼭질을 하면서 집 주변 나무 밑에 몸을 숨겼다. 그런데 갑자기 팔에 날카로운 통증이 스쳤다. 주사보다 백배는 더 아픈 고통에 놀라, 그 자리에서 울음을 터뜨리고 말았다. 팔뚝에는 동그랗게 붉은 반점이 솟아오르고 점점 부풀어 올랐다. 동생은 놀라서 밭에서 일하는 엄마를 불렀다.

"오빠시(땅벌)네. 엄마도 어렸을 때 숨바꼭질하다가 머리 쏀 적 있어. 엄청 아프지."
엄마는 괜찮다며 소주를 발라주셨다. 팔에 병원 냄새와 따끔거림은 남았지만, 반점은 더 커지지 않았다. 잠자리에 누우며 '서리를 해서 벌받았나 보다.'고 생각했다.

며칠 뒤, 주인아주머니가 눈치채셨는지, 내가 인사를 하자 한마디 하셨다.

"앵두 따 먹는 건 좋은데, 가지는 꺾지 말아라."
그 말에 나는 친구들과 당당히 다시 찾아갔다. 하지

만 앵두나무 아래쪽 열매가 사라지고 높은 곳에만 앵두가 남아 있었다. 실망감을 안고 돌아가려 할 때였다.

"다 따서 없을 텐데. 들어와 봐."

주인아주머니의 부름에 대문 안에 들어가니 마루에는 바구니에 앵두가 널려 있었다. 아주머니는 앵두 한 바가지를 건네주며 웃으셨다. 앵두 따는 것이 얼마나 힘든지 경험했기 때문에 소담하게 담겨있는 앵두가 더 귀해 보였다. 무뚝뚝하고, 무섭기도 했던 아주머니가 달리 보였다.

보리수는 시고 떫었지만, 앵두는 달콤하게 혀끝을 감쌌다. 한두 개씩 따 먹던 앵두를 한 움큼 털어 넣으니, 입안 가득 여름이 차올랐다. 후두두 씨를 뱉으면서, '앵두가 개살구만 하면 좋겠다.'고 생각했다.

할머니는 갓난쟁이 막내 동생을 업고도 집안일을 거뜬히 해내셨다. 때로는 동네 마실을 나가 이웃들과 담소를 나누셨다. 함께 앵두나무 집에 가면, 안방 선반 위에는 각종 담금주가 줄지어 있었다. 사람 모양 인삼주, 빛이 바래 살구색이 된 앵두주, 누런 개살구로 담근 술까지. 앵두가 얼마나 많으면 술로 담가 두었을까 싶었다. 갓 담근 앵두주는 과실이 탱글탱글하고 색도 곱디고와, 한 모금 맛을 보고 싶을 만큼 유혹적이었다.

어느 날, 이웃집에서 보리수를 한 바구니 건네주었다. 식구들이 보리수를 입에 넣자마자 눈살을 찌푸리며 손을 놓자, 할머니는 보리수와 설탕을 섞어 작은 항아리에 재워 두셨다. 할머니는 '저렇게 많이 넣어도 되나?' 싶을 만큼 흰설탕을 아낌없이 쏟아부으셨다. 할머니는 설탕이 적으면 곰팡이가 핀다며, 손끝으로 꼭꼭 눌러 덮어 서늘한 광에 항아리를 넣어두셨다.

백일이 지나 거름망에 걸러낸 보리수는 누르스름하고 새콤했다. 처음의 맑고 고운 빛깔은 사라졌지만, 대신 약이 되었다. 시간의 맛이 스며든, 할머니의 손이 빚은 약이었다.

"이게 약이여. 기침, 가래에도 좋고."

할머니가 담그신 보리수 효소는 물에 타 먹는 음료이기도 하고, 기침할 때 먹는 약이기도 했다. 할머니는 식구들이 배가 아프다고 하면 매실 효소, 기침을 하면 보리수 효소를 먹이셨다. 신기하게도 효소를 먹으면 괜찮아졌다.

지금은 앵두며 보리수 나무들이 하나둘 자취를 감추었다. 그 시절에는 흔한 것들이라 귀한 줄 몰랐다. 5일 장에 되박으로 팔던 앵두는 체리에게 자리를 내주었다. 어른들이 보리수는 기침에 좋고 앵두는 피로

회복에 좋다던 이야기도 이제는 옛말처럼 멀게 느껴진다.

　나에게 앵두와 보리수는 효능이 아닌, 그리움과 정겨움이다. 햇빛 속에서 반짝이던 앵두 한 알, 입술을 아리게 만들던 보리수 한 움큼. 그것은 어린 시절 달콤한 여름의 맛이었다. 오늘날 어디서도 쉽게 만나기 힘들지만, 내 마음은 여전히 그 앵두나무 아래 서성이고 있다. 체리가 아무리 붉게 빛나도, 내 여름 과일은 앵두와 보리수다.

대호지 중학교 동창회, 연 2회 쌉가능

작은 학교라서 더 특별했던 학창 시절

중학교 졸업앨범을 앞에서부터 아무리 넘겨봐도 아는 얼굴이 없었다. 한참을 넘기다 뒷부분으로 가서야 '대호지 분교'라는 작은 코너가 눈에 들어왔다. 전체 앨범의 10분의 1이나 될까 싶은 분량. 마치 부록처럼 제일 뒤에 끼워 넣은 듯했다. 앨범을 괜히 샀나 싶어 씁쓸했다.

내가 다닌 초등학교는 졸업과 동시에 폐교됐다. 집 근처 언덕 위에 있는 조그마한 학교였고, 1학년부터 6학년까지 늘 한 반, 11명~13명이 전부였다. 당연히 초등학교 친구들이 중학교에서도 그대로 함께했고, 우리는 또 3년을 같은 반에서 지냈다. 세 개 초등학교에서 모인 아이들, 40명 남짓의 학생들이 중학교 한 학년을 구성했다. 인원은 늘 41~43명 사이를 오갔고, 반을 나누기엔 늘 몇 명이 부족했다.

선풍기 두 대로 여름을 버티던 교실, 찌는 듯한 더위 속에서 맴맴거리는 매미 소리, 선풍기의 삐걱대는 소리, 그리고 아이들의 땀 냄새가 뒤섞였던 그 시절이 어렴풋이 떠오른다.

촌뜨기들이 고등학교에 올라가며 시내 아이들 사이에서 '굴욕'을 맛보기도 했다. 고등학교에 입학하면

첫 질문이 있었다.

"어디 중학교 나왔어?"

"대호지."

"대... 오지? 대오지! 오지 중의 오지네, 크크."

"아니거든. 대호지(大湖地), 호수 호!"

"설마 배 타고 등교한 건 아니지?"

"죽을래?"

그땐 그저 웃어넘겼지만, 분교 출신이라는 꼬리표가 따라붙었다. 그동안 대호지면(大湖地面) 지명에 대해서 '호수 호(湖)'가 지닌 의미대로 호수로만 알고 있었지만 찾아보니 '호'는 '호지'를 줄인 것으로 근원형은 '곳'이라고 한다. '대호지'는 바다를 향해 쑥 들어간 큰 지형, 즉 '큰 곳'이라는 뜻이다. 지명의 어원은 몰랐으나 우리는 '대호지'라는 이름 아래 꽤 단단한 연대감을 나눴다.

"야, 물 좋고 산 좋고 공기도 좋고, 일진도 없고 얼마나 좋아. 한 반이라 다 친하고."

우리는 나름의 장점을 내세워 시내 애들에게 반격했다.

중학교 동창들과 1년에 두 번씩 정기적으로 만난다. 회칙까지 만들었고, 26명이 가입한 동창회는 지금 10년 넘게 유지하고 있다. 짧게는 3년, 길게는 초등학교부터 9~12년을 함께한 친구들이다. 시골의 코찔찔이들이 어느덧 멀끔한 어른이 되었고, 동창회만큼은 어느 모임보다도 편안하다. 굳이 꾸미지 않아도, 긴장하지 않아도 되는 사람들이다. 불혹이 된 우리는 '대호지'라는 이름이 은근한 애정으로 남아 있음을 안다. 동창들은 만날 때마다 좁은 면 단위 안에서도 자기 동네가 더 낫다고 도토리 키재기를 하며 티격태격한다.

"네가 국어책으로 내 머리를 찍어서 뇌세포 다 죽었다니까."

"내가 언제? 진짜 기억 안 나는데……."

분해서 울었던 기억만 어렴풋이 난다. 내가 장난이 심한 남자애에게 국어책 모서리로 응징을 했었다고 한다.

그 시절, 몇 사건들이 조각처럼 기억이 난다. 어느날, "불이야!"라는 외침에 놀라 전교생이 복도로 뛰쳐나간 적도 있다. 소각장 옆 잔디밭에서 시작된 불은 타닥타닥 소리를 내며 번지더니 뒷산까지 화르르 타올랐다. 빨간 불길이 뿜어내는 화염은 무서웠고, 매캐

한 연기에 울음이 터졌다. 소방차와 의용소방대, 마을 사람들이 달려왔다. 어수선했던 학교 분위기, 그 당황스러운 하루가 지금도 선명하다.

그리고, 어쩌면 가장 아픈 기억. 체벌이 존재했던 시절이었기에 두려운 수업 시간이 있었다. 내가 맞지 않더라도 친구가 맞는 장면만으로도 공포의 분위기가 조성되었다. 시골 아이들이라고 도시 아이들과 비교하는 말을 하는 선생님도 있었다. "너희는 어차피"로 시작되던 어떤 선생님의 말들. 무서운 어른의 말과 손이 세상의 질서를 가르쳐줬던 날들. 동창들과 그 시절 이야기를 하며, 지금은 있을 수 없는 일이라고 말한다. 그래도 그때 기억이 전부 나쁜 건 아니었다.

국어 선생님 덕분에 국어가 재미있었고, 역사 선생님의 명강의 덕분에 역사를 좋아하게 되었다. 살면서 처음으로 학교에서 교생 선생님을 만났고, 설레는 마음으로 한 달을 함께 보냈던 기억이 있다. 교생 선생님이 떠나던 날, 울면서 편지를 건넸던 그 순간도 아직 잊히지 않는다.

토요일 수업이 끝나면 한 시간 반을 걸어 집으로 갔다. 버스비를 아껴 그 돈으로 사 먹던 과자의 맛은 아직도 생생하다. 지금도 내가 가장 좋아하는 과자는 그때 먹던 그 과자들이다.

초등학교 5학년 때 처음으로 급식이 생겼지만, 중학교에 올라가서는 도시락을 싸야 했다. 할머니가 싸 주신 도시락 반찬은 별거 아닌 재료로 만든 반찬이지만 맛있었다. 늘 점심시간을 기다렸다. 도시락 가방에 신라면 봉지가 보이면 그날의 반찬은 김. 할머니는 직접 들기름을 바르고 소금을 뿌려 구운 김을 자주 싸 주셨다.

보온 도시락 뚜껑을 열면 물방울이 뚝뚝 떨어졌고, 익숙한 냄새가 코끝을 찔렀다. 반찬 뚜껑이 열리는 순간 젓가락 전쟁이 시작됐고, 조금만 늦으면 맨밥을 먹기 일쑤였다. 나는 김을 사수하려 했지만 늘 실패했다. 아이들은 바삭한 김을 맨입으로 잘 먹었다. 입에 잔뜩 욱여넣고는 짜다고 물을 벌컥벌컥 마셨다.

"야, 이제 사재기 없기 하자."
"그래, 다 가져가면 맨밥만 먹는 애 있잖아."
이야기 끝에 우리는 평화를 이루었고, 맨밥을 먹다 체하던 날들도 추억이 되었다.

동창회 10주년을 맞아 우리는 작은 초등학교 운동장에 천막을 치고 체육대회를 열었다. 6월의 초여름, 땀이 줄줄 흐르던 날. 긴줄넘기, 카드 뒤집기, 무궁화꽃이 피었습니다, 이어달리기, 피구, 배드민턴.

으지직, 어금니를 잃고도 나는 먹었네

"산책 중이니?"

이어달리기하는 내 모습을 보고 친구들이 놀렸다. 왕년에 운동 좀 했던 녀석들은 여전히 실력이 녹슬지 않았다. 온종일 뛰어놀다 사흘을 앓았다.

이제 우리는 각자의 삶을 살아간다. 동창회 이름으로 연락이 끊긴 친구들의 경조사 소식이 들려오면 챙기자는 이야기를 했다. 연락하고 지내지는 않지만 '우리'라는 이름은 아직 지워지지 않았다. 그 시절이 아름답기만 한 것은 아니었지도, 분명 같이 울고 웃었던 순간이 있었다. 우리는 그렇게, 함께 자랐다.

찬밥 신세와 별미 사이

감자를 바라보는 시선

햇감자가 나왔다. 한 박스를 들여놓으니 마음이 든든하다. 감자로 해 먹을 음식을 생각해 본다. 제일 먼저 그냥 쪄 먹어야지. 소금을 조금 넣고 삶았다. 냄비 뚜껑이 증기로 요란하게 달그락거린다.

"앗 뜨거워!"

뚜껑이 뜨거운 줄 알면서도 습관처럼 손을 대고는 소리친다. 뚜껑을 열자 뜨거운 수증기가 얼굴을 스치

며 마사지하듯 퍼져온다. 젓가락을 찔러보니 쑥 들어
간다. 포슬포슬하게 잘 익은 감자다. 감자는 여럿이
함께 먹어야 제맛인데, "감자 먹자!" 외쳤건만 식탁으
로 달려오는 이가 없다.

"감자 먹자!"
"안 먹어. 감자 싫어해."

"빨리 와!"
"괜찮은데……"
남편과 아이의 반응은 시큰둥하다. 두 부녀가 어슬
렁거리며 겨우 식탁 앞에 앉는다. 어릴 적 감자에 설
탕을 찍어 먹던 기억이 있어 아이에게도 설탕을 뿌려
줬다.

"이게 감자튀김이었으면 좋겠다."

아이는 설탕만 핥고 감자는 내려놓으며 볼멘소리를 한다. 남편 역시 초등학생 입맛이라 고개를 돌린다. 결국 찬밥 신세가 된 감자를 바라보다가, 감자채를 썰어 달걀과 함께 전을 부쳤다. 지글지글 기름 냄새가 퍼지자 두 사람은 제비 새끼처럼 다가와 입을 벌린다. 아이는 감자튀김 맛이 난다며 잘 먹는다. 기름에 지지고 튀기면 뭐든 맛있다.

그 순간 어린 시절의 부엌이 떠올랐다. 바쁜 엄마를 대신해, 새벽기도를 다녀오신 할머니는 곧장 부엌으로 들어가 밥상을 차리셨다. 아침이면 압력밥솥의 추가 흔들리고 도마 위 칼질 소리에 잠에서 깼다. 할머니는 늘 우리집 아이들은 깨우지 않아도 잘 일어난다며 흐뭇해하셨다.

할머니의 손은 한시도 쉬지 않았다. 고구마 줄기 껍질을 벗기느라 손톱이 까맣게 물들었고, 산과 들을 누비며 나물을 뜯어오셨다. 콩나물은 검은 천을 덮어 집에서 기르셨고, 마른 나물은 직접 다듬어 밥상에 올리셨다. 무엇 하나 사서 해결하지 않고 정성과 손맛으로 한 끼 한 끼를 빚어내셨다. 감자 철이면 감자채를 썰어 달걀과 소금을 넣고 전을 부쳐 도시락 반찬을 싸주셨다. 그날만큼은 돈가스나 소시지를 싸 온 아이들에 전혀 뒤지지 않았다.

밥상 위에는 감잣국, 감자볶음, 감자조림까지 감자로 가득했다. 감자조림을 밥에 넣고 비벼 먹다가 목이 막히면 시원한 무짠지를 곁들였다. 나는 특히 감자를 넣고 끓인 고추장찌개를 좋아했다. 특별한 재료가 없어도 깊은 맛이 났다. 요즘도 반찬이 없을 때면 참치캔 하나에 마늘, 감자, 파를 넣고 푹 끓여 먹는다. 하지만 남편은 군대에서 지겹게 먹었다며 숟가락을 놓는다. 감자도 별로 없이 국물만 가득한 고추장찌개를 자주 먹었다고 한다. 일명 "똥국"이라고 불렀다나, 뭐라나. 나는 혼자 고추장찌개를 자작하게 끓여 밥에 비벼 먹는다. 다른 반찬은 필요 없다.

초등학교 1학년 때까지만 해도 집에 군불을 땠다. 장작불의 활활 타던 불꽃이 잦아들면 잔불에 감자를 넣어 구워 먹었다. 너무 오래 두면 숯이 되어버려 감자를 한 번씩 굴리며 익혀야 했다. 구운 감자를 손에 쥐면 뜨거워 이리저리 던지며 껍질을 벗겼다. 입가에는 숯검댕이가 묻고 옷에서는 군불 냄새가 풍겼지만, 지금은 맛볼 수 없는 구수한 감자였다.

어린 시절 소풍 가는 길, 휴게소에서 처음 맡아보는 이국적인 냄새가 있었다. 바로 알감자 구이. 침샘을 자극하는 고소한 냄새에 발길을 멈추었다. 바지 호주머니에 넣어 둔 용돈 만 원을 만지작거리다 결국 사 먹지 못하고 돌아섰다. 버스로 돌아오자 아이들은 소시지며 알감자 구이를 들고 와 냄새를 풍겼다. 침이 꼴깍 넘어갔지만 꾹 참았다.

"넌 안 사 먹어? 돈 안 가져왔어?"
"돈 있는데, 속이 좀 안 좋아."

친구들의 물음에 애써 괜찮은 척했어도 '다른 아이들도 먹는데, 나도 먹을까? 말까?'하며 고민했다. 결국, 소풍가서 부모님이 주신 용돈을 한 푼도 쓰지 않았다. 이것은 고등학교 들어가기 전까지 이어졌다. 마음속에는 먹고 싶은 것을 사 먹지 못한 아쉬움과 나와의 싸움에서 이겼다는 뿌듯함이 공존했다. 소풍날, 간식 사 먹으라고 받은 돈을 쓰지 않고 집에 다시 그대로 가져다드리면 부모님은 칭찬하며 웃으셨다. 할머니도 기특하다며 사람들에게 자랑하셨다. 지금 생각하면, 어른들에게 칭찬받는 것이 좋았어도 아이가 뭘 그렇게까지 참았을까 싶다.

그래서일까. 어른이 된 지금은 휴게소에 들를 때마다 일부러 알감자를 사 먹는다. 집에서도 만들어 먹는다. 찐 감자에 고소한 버터를 넣어 노릇하게 굽고, 그 위에 소금과 설탕을 솔솔 뿌리면 어린 시절 그렇게 먹고 싶었던 알감자가 완성된다. 나는 그렇게 추억을 보상받는다.

감자는 우리집 식탁에서 늘 찬밥 신세와 별미 사이를 오간다. 어떤 날은 외면당하고, 또 어떤 날은 그리움의 한가운데에 놓인다. 그래서일까. 감자는 단순한 음식이 아니라, 내 어린 시절과 지금을 이어주는 다리

다. 그리고 나는 여전히, 감자를 삶아 올리면 누군가
함께 앉아주길 기다린다.

어느 여름날의 잔향

한옥 카페에서 눈을 감았을 때

내가 좋아하는 한옥 카페가 있다. 시내에서 벗어나 한적한 시골길을 따라가다 보면, 주황색 슬레이트 지붕의 흙집이 눈에 띈다. 대문과 지붕이 정겹고, 마치 오래전 우리집을 닮은 듯한 분위기다. 대문을 열고 들어서는 순간, 문득 낯익은 감정이 밀려든다.

이 집에는 안채와 아래채가 있다. 안채는 유리문이 달려있어 고풍스럽고 단정한 인상을 준다. 아래채의

창호지 바른 작은 방은 어릴 적 우리집 같아 정겹기 그지없다. 마당 한쪽에서는 노란 고양이 한 마리가 어슬렁거리며 걷고 있다. 사람을 피해 도망치지도 않고, 그렇다고 애교를 부리는 것도 아니다. 그저 이 집의 오래된 일부처럼 자연스럽게 녹아든 모습이다.

카페의 천장을 올려다보니 굵은 서까래가 그대로 드러나 있다. 어린 시절 우리집 대청마루의 서까래도 꽤 멋있었다. 마루에 드러누우면 나무에 새긴 한문이 눈에 들어오곤 했다. 집을 지을 때 새긴 글씨라 했다. 집의 역사가 고스란히 담겨있었다.

한여름의 대청마루는 이상하리만치 시원했다. 나무 바닥을 맨발로 딛는 순간, 낮의 열기가 스르르 사라지곤 했다. 엄마는 대나무 돗자리를 깔아주셨고, 나는 그 위에 누워 풀벌레 소리를 들으며 땀이 식기도 전에 잠이 들었다. 개 짖는 소리가 멀리서 들려왔고, 마루 밑에서 불어오는 바람은 바닥을 타고 올라왔다.

밤이 되면 모기장을 쳤다. 그것은 여름의 의식이었다. 네 귀퉁이를 끈으로 천장에 묶고, 그 안에 들어앉으면 그곳은 작은 세계였다. 방에서 인형과 장난감을 가져와 소꿉놀이를 했다. 어른들은 "놀지 말고 얼른 자라."고 말했지만, 그 안에 있는 시간은 마냥 설레었다. 신나게 놀다가 어느새 잠들곤 했다.

모기장은 완벽하지 않았다. 구멍 난 틈 사이로 모기 한두 마리가 들어와 내 다리를 물었고, 긁다 보면 여기저기 피딱지가 생기곤 했다. 잠결에 들려오던 풀벌레 소리, 마룻바닥의 나무 냄새, 마루의 삐걱거리는 소리까지. 한옥의 여름은 소리로도, 냄새로도, 바람으로도 기억된다.

여름 끝자락, 나뭇잎이 바람에 흔들리면 우리집 감나무도 서서히 붉게 물들기 시작했다. 가을 햇살 아래 반짝이던 대봉감은 서리가 내리기 전 수확하지 않으면 홍시가 떨어져 터지기 일쑤였다. 어릴 적엔 마당에 굴러다니던 것이 감이었다. 흔하디흔해 곯아 터지기 일쑤였고, 그래서 별로 소중하지 않았다. 겨울이면 감말랭이와 곶감이 냉동실에 가득했다. 하지만 이제는 카페에서 돈을 주고 사 먹는 고급 디저트가 되었다.

감은 닦으면 닦을수록 반짝였다. 햇살을 머금은 단단한 껍질은 유리알처럼 빛났다. 우리는 그런 감을 서늘한 광 선반 위에 올려놓고 익기를 기다렸다. 상처 난 감에는 하얀 곰팡이가 피기도 했다. 덜 익은 땡감은 항아리에 담아 우렸다. 소금물이나 소주에 삭히면 떫은 맛이 사라졌고, 딱딱해도 단감처럼 달았다. 나는 말랑한 감을 골라 껍질을 벗기고 베어 물었다. 그 달콤하고 차진 식감은 지금은 쉽게 맛볼 수 없는 맛이다.

대봉감 외에 작은 감나무도 세 그루 있었다. 그 감은 곶감으로 만들었다. 곶감은 손이 많이 가고 곰팡이도 잘 피었다. 할머니는 감을 얇게 저며 감말랭이를 만드셨다. 잘 말린 감말랭이는 냉동실에 넣어두고 겨우내 꺼내 먹었다. 주전부리로, 간식으로 참 든든했다.

어른 주먹보다 큰 대봉감이 주렁주렁 달린 해에는 나뭇가지가 무게를 못 이겨 부러지기도 했다. 가지 사이로 햇살이 스며들면, 그 빛은 꼭 할머니 음식처럼 따스하게 느껴졌다. 성묘하러 온 사람들이 감나무를 보며 감탄했다.

"이 감이 무공해여. 무공해."
"감 큰 거 봐."

감나무는 농약을 치지 않았다. 복숭아나 사과는 약을 치지 않으면 먹을 수 없을 만큼 벌레가 생겼지만, 감나무는 달랐다. 아빠는 뒷산에서 대나무를 베어와 끝에 집게를 단 장대를 만드셨고, 그것으로 나뭇가지를 꺾어 감을 땄다. 하늘을 향해 고개를 들고 한참을 서 있으면 벌을 서는 것처럼 팔과 목이 아팠다. 그래도 감이 바구니에 가득 찰 때의 성취감은 말로 다 할 수 없었다.

감은 이웃과도 나누었다. 어느 날, 대봉감을 맛본 이웃집 친척이 찾아와 감을 100개 사가겠다고 했다. 한 개에 50원씩. 싸구려라 여겼던 감은 냉동실에 넣어두면 여름에 시원한 아이스 홍시를 맛볼 수 있었다.

아빠는 꼭 몇 개의 감은 따지 않으셨다.

"까치밥은 남겨야지."

마루에 앉으면 감나무가 보였다. 제일 잘 익은 감을 먼저 알아보고, 가장 먼저 맛을 보는 건 까치였다.

몇 년 후, 감나무는 베어졌다. 집과 감나무 자리에는 축사가 들어섰다. 다른 터에 새집을 지었지만, 마음이 허전하고 어쩐지 눈물이 났다. 마당에 앉아서 반질반질하게 감을 닦던 할머니의 손길, 감을 따겠다고 장대를 두고 실랑이 하던 자매, 겨울에도 앙상한 나뭇가지 꼭대기에 남아 있던 까치밥까지, 그 시절 풍경이 떠올랐다.

그날 나는 카페에 한참을 앉아 있었다. 커피는 식었고, 주위에 앉아 있는 나긋나긋한 어린 연인들의 목소리는 다정했다. 마당의 뜨거운 햇살을 피해 처마 그늘에 누워있는 고양이가 한가로워 보였다. 한옥 카페에

으지직, 어금니를 잃고도 나는 먹었네

서 오래도록 잊고 있던 계절을 떠올렸다. 천천히.

입천장 데게 한 이것, 맛도 추억도 최고

버릴 게 없는 호박과 그리운 할머니 이야기

밥상 물가를 잡겠다며 대형마트에서 애호박을 반값에 판다는 소식. 고물가 시대에 귀를 쫑긋하게 하는 뉴스였지만, 마트 진열대에 놓인 호박을 보고 있노라면 조금 인위적인 느낌이 들었다. 비닐 옷을 입고 반듯하게 자라난 매끈한 호박들. 똑같은 크기, 똑같은 모양, 흠 하나 없는 모습. 그것은 내가 기억하는 호박의 얼굴이 아니다.

어릴 적, 내가 먹던 호박은 조금은 구부러져 있고 퉁퉁했다. 모양은 일정치 않아도 맛은 한결같았다. 요즘, 비닐을 씌운 호박은 꽃이 떨어지면 비닐을 씌운 채로 재배한다고 한다. 비닐이 성형 틀이 되어 비닐 크기만큼 자라는 것이다. 못난이 채소는 외면받기 때문에 상품 가치를 위한 목적이다. 애호박을 사시사철 맛볼 수 있어도 제철인 여름에 먹어야 제맛이 난다.

친정에서 동그랗고 진녹색을 띠는 조선호박을 몇 개 따 왔다. 큰 것은 갓난아이 머리통만 했다. 조선호박은 여름 햇살을 머금은 채 연하고 달큼했다.

애호박 철이라고 TV에서는 '애호박 요리'를 선보였다.

"애호박이 철이쥬? 애호박 부침개할 때, 밀가루 많이 넣지 말고, 전분 한 숟가락 넣고, 건새우를 갈아서 넣고 부쳐 봐유. 기가 막혀유."

유명인이 알려준 레시피대로 애호박을 채 썰어 건새
우 가루를 넣어 부쳤더니 감칠맛이 나고 맛있었다. 내
친김에 새우젓을 넣은 애호박볶음, 된장찌개도 만들
었다. 호박 덕분에 몇 가지 반찬이 뚝딱 해결되었다.

조선호박은 호박순부터 꽃, 열매, 씨까지 다 먹는다.
버릴 것이 없는 채소다. 호박잎을 좋아해서 아무 호박
잎이나 먹을 수 있는 것인 줄 알았으나 조선호박잎만
먹는 것이라 한다. 단호박잎은 먹지 않는다고 한다.

4월~5월 봄, 밭둑이나 자투리 밭에 호박 모종을 심
었다. 척박한 땅에서도 잘 자라는 호박은 거름을 주기
라도 하면 금세 슈퍼 호박으로 자랐다. 애호박, 조선
호박, 단호박, 맷돌호박, 쥬키니. 이름도 가지각색이

지만, 애호박, 조선호박, 맷돌호박 두세 종류만 심었다. 아빠는 엄마가 고대하던 막내아들을 낳자, 늙은 호박을 건강원에 가져다주고 호박즙을 달여오셨다. 신데렐라의 호박마차. 할로윈 호박의 그 늙은 호박이 맷돌호박인데, 약호박이라도 불렀다. 맷돌호박은 산모의 부기를 빼주고, 속이 약한 사람에게도 좋았다.

　가을이 깊어 가면 호박잎은 누렇게 바래고, 잎끝이 바싹 밀랐다. 밭고랑에는 커다란 늙은 호박이 누워있었다. 서리가 내리기 전에 호박을 거둬들여야 한다는 할머니의 걱정에 부모님은 그제야 호박을 챙겼다. 그렇게 거둬들인 호박은 어느새 호박죽으로, 호박 젓국으로, 말린 호박 나물로 변해 식탁에 올랐다. 씨까지 말려 까면 고소한 속살이 드러났다. '호박 같다.'는 못생겼다는 뜻으로 쓰지만, 사실 호박은 속은 알차고, 따뜻하다. 우리집 여름 밥상에는 애호박, 겨울에는 늙은 호박이 자주 올라왔다.

　입김 나던 겨울. 할머니는 커다란 냄비에 호박죽을 쑤셨다. 참 정성이 필요한 일이었다. 노랗게 익은 찐 호박을 넣고, 쌀가루를 푼 물을 부어 약한 불에 오래도록 저어야 한다. 바닥에 눌어붙지 않도록 양팔을 번갈아 가며 쉼 없이 놀리다 보면, 어느새 냄비 속은 주황빛으로 물들고 호박 향이 피어올랐다. 할머니 옆에서 나와 동생들은 호박죽에 새알심을 동글동글 빚었다. 그건 어린 내겐 놀이였다. 할머니가 뜨거운 김을 맞으며 뭉근하게 끓일수록 양이 줄면서 더 달아졌다. 마지막으로 소금과 설탕으로 간을 하면 완성된다. 그 따스한 향기만으로도 마음이 포근해졌다.

　"할머니, 설탕 넣어도 되죠?"
　흰설탕을 숟가락으로 푹 퍼서 넣었다.

"얘들이, 달아서 어떻게 먹으려고 그만 넣어라."

할머니는 손사래를 치셨지만 나는 흰설탕을 두세 숟가락 더 넣었고, 동생들도 따라 했다.

"나도 넣을래!"

"나도!"

설탕이 눈처럼 쌓여, 잘 녹지 않을 만큼 넣었다.

"새알 더 주세요."

호박죽에 넣은 새알심은 뜨거워 입천장을 데기도 했지만, 그 쫀득하고 달큼한 맛을 멈출 수 없었다. 엄마에게 후후 식힌 호박죽을 받아먹던 넷째, 네 살배기 동생이 눈을 동그랗게 뜨고 말했다.

"이거 진짜 새알이야?"

그 순간 모두가 웃음을 터졌다. 아빠는 특유의 장난

기가 발동했다.

"새가 여기다 알 낳고 갔어."

그리고 언제나 그렇듯, 다른 사람들보다 아빠가 더 크게 웃으셨다.

엄마는 젖먹이 막내를 돌보면서 일하느라, 음식은 거의 할머니가 도맡아 하셨다. 할머니는 늘 반찬 걱정을 하셨고, 냉장고가 비어 있어도 반찬을 만들어 내는 능력이 있었다.

호박은 할머니의 손길과 함께 있었다. 할머니는 호박잎의 질긴 껍질을 손톱으로 일일이 벗겨내고 호박잎을 찌셨다. 호박잎과 함께 자박하게 끓여낸 우렁 강된장만 있으면 밥 한 공기는 눈 깜짝할 사이에 사라졌다. 민물새우탕이나 동태탕에 무 대신 호박을 넣기도 하셨다. 아빠는 무를 넣은 것 보다 호박이 달고, 구수하다고 좋아하셨다. 할머니 손끝에서 호박은 그 어떤 음식으로도 변신할 수 있었다.

거의 한 세기 가까이 사신 할머니는 허리도 꼿꼿하고 늘 건강해 보였지만, 아흔을 넘기면서 할머니는 점점 기력이 쇠하셨다. 음식이 잘 넘어가지 않으실 때, 다시 찾으신 것은 호박죽이었다. 죽집에서 사 온 호박죽이라도, 평소보다 몇 술 더 뜨면서 유난히 표정이 밝아지셨었다. 그러나 마지막 겨울, 아무리 정성껏 쑨 호박죽도 드시지 못하셨다. 그리고 98세 할머니는 눈처럼 고운 얼굴로 평안히 잠드셨다.

지금도 늙은 호박을 보면 할머니가 생각난다. 식구들에게 호박죽을 해주겠다며 단단한 호박을 애써 쪼개던 할머니의 손길과 김이 모락모락 피어나는 냄비

를 붙들고 쉼 없이 젓던 모습, 그리고 호박 속을 긁어
내고 얇게 잘라 초승달 모양의 호박 조각을 마당에 열
과 행을 맞춰 널어놓던 모습. 주황빛 호박죽의 향기와
함께 할머니의 온기가 떠오른다.

2부

밥
냄
새
나
는
집
을
만
들
고
싶
어

꽃이 언제 피는지 그딴 게 뭐가 중요한데

대학병원 응급실에서 벚꽃엔딩

   며칠 전부터 뉴스에서는 연일 벚꽃 개화 소식과 매년 인산인해를 이루는 지역 축제 소식이 쏟아져 나왔다. 우리 동네에도 4월이 되면 당진 천변에 12km에 달하는 벚나무가 장관을 이룬다. 누군가는 벚꽃엔딩을 들으며 사랑하는 사람과 함께 꽃길을 걸었던 기억에 가슴 설렐지도 모른다. 하지만 나는 벚꽃만 보면 가슴이 쿵 내려앉으며 시큰해진다.

29살에 결혼했다. 두 번의 유산 후 얻은 아이는 머릿속으로 상상하던 모습대로 남편과 내 얼굴을 반반 닮은 딸아이였다. 아이를 출산하자 밀린 숙제를 끝낸 기분이었다. 처음 마주한 아기는 조금 낯설었지만, 시간이 지나자 점점 정이 들었는지 보호본능이 생겼다.

임신했을 때, 아이를 잘 키우겠다는 의지로 각종 육아서를 섭렵했다. 집에서 육아하는 것이 뭐가 어렵냐고 자만했지만, 이론과 실제가 다르다는 것을 깨닫는 데는 그리 오래 걸리지 않았다. 산후조리원을 나오는 순간부터 모든 것이 내 몫이었다. 하나부터 열까지 조심스러웠다. 신생아는 하루 종일 자는데, 자는 모습도 불안했다. 숨은 잘 쉬는지 코에 손을 대어 보고 가슴을 쳐다보고 생존을 확인하곤 했다. 아기 손톱도 다칠까 무서워 남편과 서로 미루다가 깎지를 못했다. 결국 아기 보러 온 지인이 뭐가 무섭냐고 핀잔을 하며 바짝

깎아주었다. 남편은 집안을 무균실이라도 만들려는 것인지 집안 위생관리에 집착했다.

아이의 얼굴은 하루가 다르게 변하고 발달도 빨랐다. 발달 시기에 맞게 음식이며 환경을 바꾸어줘야 했지만 너무나 서툴렀다. 친정엄마나 시어머니에게 물어도 애를 키운 지 오래되어 잘 생각나지 않는다고 했다. 어렴풋이 떠오르는 기억을 더듬어 가며 알려주는 어른들의 육아 정보는 그리 신뢰가 가지 않았다. 소아과 의사가 신생아 실내 적정온도는 23도 정도면 된다고 했지만, 어른들은 애를 볼 때마다 춥다며 담요로 꽁꽁 싸맸다. 아이의 얼굴과 몸에 태열과 땀띠가 난 이후 어른들의 말을 더욱 신뢰할 수 없었다. 공감과 위로, 믿을 만한 정보를 얻을 곳은 맘카페였다. 거의 하루 종일 핸드폰을 붙들고 맘카페에서 모든 정보를 얻었다. 손목, 어깨, 팔도 아프고, 눈도 아팠다. 아이

때문이 아니라 핸드폰 때문에 수면이 부족하고 더 피로가 쌓였다.

　아기는 순하지도 예민하지도 않았다. 하지만 나는 모든 것이 처음인 초보 엄마였다. 몸만 컸지 철이 안 든 나는 아이나 다를 바가 없었다. 내 몸 하나 챙기는 것도 잘못하는 내가 한 생명을 책임진다는 것은 막중한 임무로 다가왔다. 호르몬 변화가 있어서 그런지 모든 것이 서운했다. 눈치 없는 남편이 건네는 한마디, 한마디에 자주 눈물을 보였다.

　'나는 무얼 하고 있는 것인가.'
　잉여 인간이 된 기분이었다. '좋은 엄마'가 될 자신이 없었다. 세상에 가장 가치 있는 일이 아이를 키우는 것이라고는 하지만 '나는 그릇이 이것밖에 안 되는 사람.'이라는 것을 깨닫고, 하나만 잘 키워야겠다고 생각했다.

   어느 날, 주말에도 집에만 있으려는 남편에게 나가 자고 했다. 아기띠를 메고 벚꽃이 만개한 거리를 걸었다. 비가 온다는 소식이 있어 마음이 급했다. 하늘거리며 떨어지는 꽃잎을 받아 품에 안겨있는 아이의 볼에 올렸다. 뽀얗고 토실토실한 뺨에 연분홍 꽃잎이 물들 것 같았다. 손에 쥐어준 꽃송이는 구강기인 아이의 입으로 들어갔다. 햇살을 받고, 바람을 맞으며 걸으니 내가 살아있음을 느꼈다. 내 얼굴은 벚꽃과 대조적으로 초라했지만 아기는 벚꽃 사이에 피어있는 왕겹벚꽃 같이 탐스러웠다. 남편은 끌려 나왔다고 티를 내듯 심드렁한 표정으로 성의 없이 사진을 찍었다. 그런 남편의 모습에 심기가 불편했다. 봄이 주는 향긋한 선물을 느껴보려는 순간 남편이 또 초를 쳤다.

"집에 가자. 추워. 애기 감기 걸려."

햇살은 따듯했지만 바람이 좀 불었다. 집에 들어와서 소파에 아이를 눕혔다. 생각할수록 남편의 태도 때문에 기분이 언짢았다.

"쿵쩍!"

어디선가 수박 떨어지는 소리가 났다. 아차! 아이가 뒤집기를 한다는 것을 깜박했다. '내가 미쳤지.' 소파에서 뒤집기를 하다 맨바닥에 떨어지고 말았다. '바닥에 매트라도 깔아 놓을걸.' 아이가 자지러지듯 울었다. 방에 들어갔던 남편은 깜짝 놀라 눈을 동그랗게 뜨고 정색하며 차 키를 쥐었다. 토요일이라 소아과 문 연 곳이 없었다. 한 시간 반 거리의 대학병원 응급실로 달려갔다. 아이는 한참을 울더니 조용해졌다. 가는 내내 별의별 생각을 하며 훌쩍거렸다. 이런 상황을 만들고 훌쩍거리는 내 자신이 더 싫었다. 응급실에 도착

해서도 1시간 넘게 기다리다 의사를 만날 수 있었다.

"어느 정도의 높이에서 떨어졌나요?"

"무릎정도요."

"아이가 토를 했나요?"

"아니오."

"눈맞춤을 못하거나 처지나요?"

"눈 잘 맞추고 아직 처지지는 않아요."

"골절이 의심되어 CT를 찍는 것은 보호자의 선택입니다. CT를 찍어서 머리가 골절되었다 하더라도 자연적으로 붙기만을 기다려야 합니다. 찍으시겠어요?"

"아직 어린데 방사선 괜찮을까요?"

"당연히 안 좋죠. 아기 머리는 아직 말랑해서 골절되지는 않았을 거에요. 3일 정도 지켜보고 혹시 구토하거나 처지면 다시 오세요."

돌아오는 차 안은 정적만 흘렀다. 시간을 돌리고 싶었다. 아이를 보며 또 눈물 바람이었다. 하필 머리를 다쳐서 잘못되면 어쩌나 별의별 생각이 다 들었다.

아이는 다행히 사흘이 지난 후에도 구토하거나 처지지 않았다. 하지만 발달이 늦어지면 어쩌나 하는 불안감은 한동안 계속 있었다. 아이가 떨어질 때 소리가 너무 컸기 때문에 이상이 없다는 것은 기적이라고 생각했다. 한없이 죄책감이 들었다. 몸은 육아는 하고 있었지만, 정신은 아이에게 집중하지 못하고 다른 생각만 했다.

얼마 전, 벚꽃길을 걸으며 아이에게 말했다.

"엄마가 고백할 거 있어."

"뭔데?"

"너 아기 때 이렇게 엄마 아빠랑 벚꽃 구경하고 집에 가서, 엄마가 소파에 너를 올려두었는데, 네가 뒤집기를 해서 쿵 떨어졌었어."

"진짜? 난 기억 안 나. 괜찮아. 엄마! 나한테 미안하지?"

"응"

"그럼, 나 저 솜사탕 사줘."

올해도 벚꽃은 아름답고, 아이는 여전히 해맑다. 사소한 일로도 시시비비를 따지느라 현재의 삶에 온전히 집중하지 못하고, 벚꽃이 만개하던 찰나의 아름다움도 충분히 즐기지 못했다. 벚꽃같이 흩날려 버린 아

밥 냄새나는 집을 만들고 싶어

이의 어린 시절이 점점 기억나지 않아 서글퍼진다. 오늘은 아이와 더 눈 맞추고, 아이의 말에 귀 기울이고, 안아줘야지.

나는 윗집 사람의 전화번호를 알고 있다

이사 떡 덕분에 진짜로 '이웃사촌'

입주 시기가 비슷해도 위, 아래 옆집에 누가 사는지 몰랐다. 그래도 인사 정도는 하고 지내야겠다는 생각에 남편에게 떡을 사오라고 했다. 명절에나 나올 법한 커다란 팩에 온갖 떡을 사 온 남편을 보고, "또 손이 컸군." 하며 웃으면서 핀잔을 줬다.

"안녕하세요. 저희 1005호인데요. 떡 좀 드셔보세요."

아이는 몇 번 연습하더니 윗집, 아랫집, 옆집 초인종을 눌렀다.

"요즘에 떡 잘 안 돌리는데, 고마워요. 잘 먹을게요!"

어르신의 반가운 목소리에 아이는 뿌듯한 표정을 지었다. 대단한 미션을 수행한 듯 다음에도 또 하고 싶다며 눈을 반짝였다.

다음 날, 현관 손잡이에 종이가방이 걸려 있었다. 안에는 치약, 주방세제, 그리고 정성껏 눌러 쓴 손 편지가 들어있었다. "떡 잘 먹었어요. 좋은 이웃이 되면 좋겠어요." 윗집이었다. 꾹꾹 눌러쓴 손 글씨에 마음이 찡했다.

그날 이후, 엘리베이터에서 인사도 자연스러워졌고 스몰 토크도 오갔다. 특히 아랫집은 더 신경이 쓰여서 만날 때마다 "시끄럽거나 불편하시면 꼭 말씀해 주세요."라고 인사했다. 다행히 아랫집도 초등학생 남매를 키우고 있어 이해하는 분위기였다.

우리집은 시골에서 농사짓는 부모님 덕분에 웬만한 식재료는 사 먹지 않는다. 알고 보니 옆집도 텃밭을 가꾸고 있고, 아랫집도 부모님이 농사를 짓는다고 했다. 윗집은 식재료를 대부분 사 먹는다며 시골에서 가져온 냉이, 시래기, 고구마, 김치 등을 나누어주면 무척 고마워했다.

윗집도 세 식구, 우리도 세 식구. 아이는 20대인 윗집 언니가 아이돌을 닮았다며 좋아했다. 어느 날, 윗집 딸이 여행 갔다가 아이가 떠올라 사 왔다며 핸드크

림을 건넸다. 아이는 자신이 제일 좋아하는 캐릭터를 언니가 어떻게 알고 사 왔냐며 신기해했다.

"엄마, 이거 또 윗집에 가져다주자! 내가 갈게."

아이는 시골에서 식재료가 오면 나누는 걸 당연하게 여긴다. 윗집과는 왕래가 잦아지면서 전화번호도 주고받고 연락하는 사이가 되었다.

어느 날에는 현관 앞에 직접 만든 쿠키나 달걀, 멜론, 복숭아 등이 놓여있었다. 윗집의 이벤트다. 어릴 적 엄마가 빈 반찬통을 그냥 돌려주기 민망해 반찬을 고민하던 모습이 떠올랐다. 쑥떡, 부침개, 도토리묵 등 정겨운 음식들이 오갔는데, 나도 이제 그 시절 엄마처럼 '뭘 담아 보낼까.' 고민하게 되었다.

어머니가 보내주신 총각무 김치를 윗집에 나누어 드렸더니, 아저씨가 "돌아가신 어머니가 해주시던 그 맛"이라며 어머니 생각이 났다고 하셨다. 아주머니는 평소 입맛이 까다로운 분인데, 잘 드셨다고 고마워하셨다.

설 연휴, 초인종 소리가 났다. 윗집에서 세배도 안 했는데 아이에게 세뱃돈을 주셨다. 문득 초등학교 저학년 시절, 이웃집에 세배하러 다녔던 기억이 떠올랐다. 어릴 때는 당연하게 생각했던 이웃과 음식을 나누어 먹는 풍경, 명절에 이웃집에 세배하러 가는 풍경을 요즘에는 보기 힘들다. 어떤 집은 세뱃돈을 주고, 어떤 집은 안 줘도 상관없었다. 함께 모여 전, 산자, 사탕을 먹는 게 더 좋았다. 이웃집 개가 짖어 대문 앞에서 망설이다가 주인아주머니가 나오셔서 우리를 데리고 들어갔던 장면이 아직 선하다.

초등학교에 들어갈 무렵부터 우리 가족은 교회를 다녀 제사를 지내지 않았다. 그래서 때로는 제사 음식이 그립기도 했다. 일가친척이 가져다주던 알록달록 요강 사탕, 산자, 전, 산적. 할머니는 제사 음식은 먹으면 안 된다고 하셨지만, 몰래 먹었던 그 맛은 아직도 기억 속에 남아 있다. 요즘 명절 음식에선 그때의 맛이 나지 않는다.

외동이라 그런가, 아이는 학원에 갈 때 과자를 챙겨 친구들에게 나눠주곤 한다. 다섯 남매였던 나는 과자 한 봉지 숨기느라 애썼는데. 동생들이 하나씩 집어가면 울면서 빈 봉지를 내던진 기억도 있다. 아이는 그런 결핍을 모르고 자란다.

꽃을 좋아한다는 윗집 이야기에, 아이는 마트에서 산 꽃을 반으로 나눠 윗집에 드리고 싶다고 했다. 다

녀와서는 "정말 좋아하셨어!"라며 뿌듯해했다. 나누는 기쁨을 아이도 느끼고 있는 듯했다. 아이가 외동이라 항상 외롭지 않을까 걱정된다. 앞으로 아이가 맺게될 수많은 관계 속에서, 이웃과도 따뜻한 인연을 만들고 스스로의 삶을 잘 꾸려나갔으면 좋겠다.

나를 위한 이벤트? 괜히 설렜네

반려견 구름이 입양기

"어디 좀 가자."

"어디?"

평소 나가자고 해도 꼼지락거리며 나갈 생각을 안 하는 양반이 웬일인가.

"가보면 알아. 엄마."

주말 아침부터 부녀는 눈짓을 주고받으며 나가자고 성화였다. 둘만의 신호를 주고 받는 모양이 비밀리에

뭔가 준비한 듯하다. '혹시 근사한 식당이라도 예약해둔 걸까? 생일도 아니고 결혼기념일도 아닌데 뭘까?' 나를 위한 깜짝 이벤트라도 있나 싶어 살짝 설레는 마음으로 따라나섰다. 어디 가느냐 물을 때마다 그들은 "가보면 안다."며 웃기만 했다.

시골길을 구불구불 지나 언덕을 넘었다. 처음 가보는 길, 주변엔 산밖에 없고 식당이 있을 것 같진 않았다. 왠지 모르게 음산하기까지 했다.

"혹시 지금 나 고려장하러 가는 거야?"
궁금해하는 내 모습을 보고 부녀는 재밌어하며 깔깔 웃었다.

"고려장이 뭐야?"
딸아이에게 고려장 이야기를 해주다 보니 전원주택

한 채가 나왔다. 처음 보는 집. 나는 여기가 어디냐며 머뭇거렸고, 부녀는 사람들이 기다린다며 빨리 내리란다.

혹시 모를 이벤트에 대비하며, 옷매무새를 가다듬고 휴대폰으로 얼굴도 확인한 뒤 문을 열었다. 처음 보는 젊은 부부가 인사했다. 분명 초면인데, 그들 역시 반갑게 우리를 맞이했다. 집 안으로 들어서자 강아지가 대여섯 마리. 딸아이는 익숙하게 강아지들에게 다가가 쓰다듬었다.

"엄마, 귀엽지?"
"여기 와 본 적 있어?"

"응, 지난번에 아빠랑 왔었어. 엄마! 너무 귀엽지 않아?"

순간, 감이 왔다.

"응, 설마 강아지 입양하러 온 거야?"

내 말에 강아지 주인 부부가 눈을 동그랗게 떴다.

"어머! 모르셨어요?"

순간 속에서 뭔가 끓어올랐지만, 모르는 사람들 앞이라 화를 낼 수도 없고 억지웃음을 지어야 했다. 대각선에 앉은 남편을 쳐다보았지만 웃으며 내 눈길을 피했다.

"엄마! 진짜 잘 키울게. 밥 주고, 똥 치우고, 아빠랑 나랑 다 할게. 제발."

모두의 시선이 나를 향했다. 아이는 왜 또 사람들 앞에서 이러는 건지. '자리를 박차고 나갈까, 따로 이야기하자고 할까.' 수많은 생각이 교차했다. 아이가 저렇게까지 부탁하는데, 거절하면 비정한 엄마처럼 보일까 봐 마음이 복잡했다.

그때, 하얀 털뭉치 하나가 내 앞에 와서 알짱거렸다. 짧은 꼬리를 살랑거리며 '날 데려가 주세요.' 하고 애교를 부리는 것 같았다. 생후 두 달 된 말티즈. 모든 새끼는 귀엽다더니, 정말 보호본능을 자극하는 모습이었다.

귀엽긴 하지만 키우는 건 또 다른 문제다. 강아지를 입양할 계획이 없던 건 아니었다. 아이가 강아지를 잘 돌볼 수 있을 때쯤이 좋겠다고 생각했다. 나는 늘 '개는 마당에서 키워야 한다.'는 주의였고, 반려견을 기른다는 건 신생아를 키우는 것과 다름없다는 얘기를 들어왔기에 마음의 준비가 필요했다. 그리고 언젠가 이별할 날도 두려웠다. 그걸 알기에 쉽게 허락할 수 없었다. 그런 내 마음을 읽었는지, 부녀는 철저히 작전을 짰던 것이다.

어릴 적, 우리집은 목장을 했기에 짐승은 늘 소가 최고였다. 가계에 도움이 되지 않는 강아지를 키우는 건 사치라 여겼다. 이웃집 개가 새끼를 낳았다고 해서 하굣길에 매일같이 들여다보았다. 시고르자브종 발바리인 어미와 전혀 닮지 않은 강아지 네 마리. 검둥이, 얼룩이, 흰둥이. 어미는 털도 짧고 누린색인데, 어쩜 이렇게 다른 새끼들이 나왔을까 신기했다. 매일같이 드나드는 나에게 이웃집 아주머니는 한 마리 가져가라 했다. 까맣고 털이 복슬복슬한 '복실이'는 그렇게 우리집으로 왔다. 복실이는 우리 가족의 남은 밥을 먹으며 무럭무럭 컸다. 복실이는 학교 가는 나를 끝까지 따라오곤 했다. 아무리 돌을 던져도 교실 앞까지 쫓아와 아이들의 인기를 한 몸에 얻던 녀석이었다.

어느 날, 복실이가 사라졌다. 이웃집 아저씨의 허리가 아프다던 말이 떠올랐다. 며칠 뒤, 이웃집에서 소고기국을 가져왔지만 난 먹지 않았다. 그리고 며칠을 울었다.

내 앞에서 알짱거리는 하얀 털뭉치는, 복실이를 떠오르게 했다. 세 사람의 눈빛이 내 입만 바라보고 있었다. 괴로운 선택의 순간.

"알겠어. 정말 책임감 갖고 잘 키워야 해."

그렇게 나는 백기를 들었다. 강아지 주인은 예쁜 캐리어까지 챙겨주며 잘 키워달라고 했다. 조리원에서 아이를 안고 오던 날처럼 작고 여린 생명체를 안고 차에 올랐다.

"뭐야, 미리 말을 하고 왔어야지."

"그랬으면 안 왔을 거잖아."

차 안에서 나를 속인 남편에게 원망 섞인 말을 했지만, 기뻐하는 아이의 얼굴과 강아지를 보니 마음이 약해졌다. '그래, 동생도 없는데 외롭지 않게 해주자.' 그렇게 스스로를 설득했다.

"엄마가 진짜 동생 낳아주는 게 나아? 강아지가 나아?"

물어봤다. 더 낳을 생각도 없지만.

"강아지."

"그래. 그럼 진짜 애기 때만 귀여워하지 말고, 늙고 병들어도 잘 돌봐야 해. 유라 이모네 쭈는 늙어서 눈도 튀어나오고 잘 걷지도 못해. 그렇게 돼도 책임져야 해."

그렇게 구름이는 우리집의 식구가 되었다. 배변도 잘하고, 이름도 알아듣고, '앉아'도 할 줄 안다. 똑똑한 아이였다.

남편은 강아지 주인에게 이것저것 물으며 적극적으로 나섰다. 동물병원도 알아보고, 미용실도 검색했다. 아이보다 더 신난 모습에 살짝 괘씸하기까지 했다. 딸아이는 아침 6시에 일어나 개통령이 나오는 프로그램을 찾아보며 더 열심히 공부(?)하고, 강아지와 논다. 아침부터 영상을 보는 아이를 용납할 수 없어 처음엔 책을 읽어야 유튜브를 볼 수 있다 했지만, 책장을 빠르게 넘기는 모습에 "그냥 놀아라." 하고 말았다.

이제 구름이는 식구가 되어 견생 최대 고비일지도 모를 중성화 수술까지 잘 마쳤다. 조용했던 집에 활기가 돌고, 아이가 남매처럼 구름이를 아끼는 모습이 보기 좋다. 자기 과자보다 강아지 간식을 더 좋아하는 아이다.

요즘은 주인 사정으로 잠시 돌보게 된 시츄 햇님이도 함께 있다.

"얘가 나 똥개 훈련 시키네."

"애기라 실수한 거야. 엄마도 움직여야 살 빠지지."

툴툴대는 나를 보며 아이는 슬며시 강아지 편을 든다. 배변 훈련이 안 된 햇님이 덕분에, 활동량 적던 나조차 하루에 몇 번씩 움직이게 됐다. 이젠 집에 들어설 때, 두 마리 강아지가 주인 왔다고 달려와 반긴다. 그저 곁에 있다는 것만으로도 마음이 따뜻해진다.

처음엔 서로 으르렁대던 두 녀석이, 이제는 잠시만 떨어져 있어도 낑낑댄다. '정이란 게 이렇게 무섭구

나.' 싶다. 언젠가는 이별의 순간도 찾아오겠지. 그래
도 그 시간조차, 아이에게는 삶을 배우는 순간이 되겠
지.

파충류 못 만지세요?

크레스티드 게코와 동거하기

도마뱀을 키우고 있다. 발바닥에 빨판이 달려 손등에 착 감기는 그 느낌은 마치 찹쌀떡 같다. 커다란 눈동자에 길게 뻗은 속눈썹까지, 왜 '눈썹 도마뱀'이라는 별명이 붙었는지 알겠다. 이 도마뱀은 눈이 유난히 매력적인 생명체다.

정식 명칭은 크레스티드 게코(Crested Gecko). 우리말로는 '볏이 있는 도마뱀붙이'다. 눈 위에서 목까지 이어지는 뾰족한 돌기, 바로 그 볏(crest) 때문이다. 마치 공룡을 축소해 놓은 듯한 이 녀석은, 뉴칼레도니아 남부 섬이 원산지다. 한때 멸종된 줄 알았지만 1994년 야생 개체가 다시 발견되면서 전 세계적으로 사육 붐이 일었다. 미국과 유럽은 물론, 한국에서도 2010년대 이후 점차 대중화되었다.

털이 없으니 알레르기 걱정은 없고, 성격도 온순하다. 손에 잘 안기고, 무늬와 색상도 무척 다양하다. 그중에서도 내가 가장 좋아하는 건, 시원하고 말랑말랑하게 손에 감기는 촉감이다. 수명은 무려 17~19년. SNS에서 '귀여운 괴생명체'라 불리는 것도 다 이유가 있다.

우리집에 도마뱀이 처음 들어온 건 아이가 일곱 살 때였다. 동물 카페에서 도마뱀을 만져본 아이는 집에 돌아오자마자 키우고 싶다고 말했다. 진짜 들뜬 건 아이보다 남편이었다. "내가 다 케어할게!" 당당하게 데려온 두 마리의 도마뱀은, 얼마 지나지 않아 알까지 낳았다. 우리는 부화기까지 장만했고, 핸드폰 후레시로 알을 비춰 유정란을 골랐다. 빨간 핵이 보이면 네임펜으로 표시하고, 알 트레이에 조심스레 담았다. 온도는 25도. 두 달 후, 손가락만 한 새끼가 태어났다.

크레스티드 게코는 나무 위에서 과일과 곤충을 먹고 산다. 가정에서는 도마뱀을 위한 신선한 과일을 구비하고 제공할 수 없어 슈퍼푸드라 불리는 가루로 된 먹이를 준다. 먹이는 2~3일에 한 번 물에 개어 케첩 농도로 만들어 주사기나 숟가락으로 코에 살짝 대면 길쭉한 혀로 핥아 먹는다. 먹이 주는 시간만큼은 세상만사 다 잊고 그 모습에 빠져든다. 먹이 양은 손가락 한 마디 정도인데 천천히 오래 먹기 때문에 참을성도 함께 길러진다. 먹이통에 담아서 자율 배식을 해도 되지만, 먹는 모습을 보고 싶어 결국 떠먹여 줄 때가 많다. 건강한 성장과 척추와 꼬리 형성을 위해서는 단백질 및 칼슘 공급이 필요하다. 귀뚜라미가 그 특식이다.

어느 날, 베란다에서 들리는 '비 오는 소리' 같은 소음에 문을 열었다가 기겁했다. 리빙박스 안에 수백 마리의 까만 귀뚜라미가 바글거리고 있었던 것이다. 내가 어릴 적 보던 갈색 귀뚜라미가 아니라, 까맣고 반짝거리는 수입산. 성경에 나오는 메뚜기떼가 떠오를 정도로 압도적인 광경이었다. 도마뱀도 모자라 귀뚜라미까지.

귀뚜라미는 칼슘제에 묻혀서 먹여야 하는데, 어릴 때는 그냥 통째로 줘선 안 된다. 목에 걸리지 않게 귀뚜라미의 목을 따고, 다리를 떼야 한다는 설명을 들은 순간, 나는 어린 시절 엄마가 떠올랐다.

　동생이 학교에서 데려온 병아리가 닭이 되었을 때, 할머니는 엄마에게 닭을 잡으라고 하셨다. 하지만 엄마는 닭의 목을 비틀지 못했다. 물에 닭 머리를 담갔다 꺼내기를 반복하면서 망설였다. 결국 아빠가 나섰고, 진땀을 뺀 끝에 겨우 닭을 잡았다. 이후 우리집에선 다시는 닭을 잡지 않았다. 병아리가 닭이 되면 이웃집에 보내버렸다.

　그때의 엄마처럼, 나도 귀뚜라미 앞에서 한참을 망설였다. '먹이일 뿐이다'라고 스스로 되뇌며, 칼슘제를 묻힌 귀뚜라미를 도마뱀에게 내밀자 집게까지 덥석 물었다. 평소에는 얌전한 녀석이, 귀뚜라미 앞에선 유일하게 저돌적인 모습을 보인다. 작은 곤충 하나가, 조용한 녀석 안에 잠든 사냥 본능을 깨웠나 보다.

어느 날, 사건이 벌어졌다. 강아지 '구름이'가 도마뱀이 들어 있는 플라스틱 서랍을 열어버린 것이다. 도마뱀이 튀어나와 내 몸을 타고 벽을 기어올랐다. 나는 당황했고, 결국 도마뱀은 벽 위 높은 곳에 멈춰섰다. 잠시 자리를 비운 사이, 바닥에는 팔딱거리는 꼬리만 남아 있었다. 포식자의 눈을 속이고 도망간 도마뱀, 꼬리는 다시 자라지 않는다고 했다. 뭉툭해진 도마뱀은 어딘가 모르게 허전하고, 개구리처럼 우스꽝스러웠다.

시간이 지나며 아이의 관심은 서서히 줄어들었고, 남편도 슬슬 손을 떼기 시작했다. 요즘에는 내 손길이 가장 많이 간다. 도마뱀은 습한 환경을 좋아한다. 습도를 60~80%로 유지해줘야 해서, 하루 한 번은 꼭 물을 뿌려야 한다. 온도는 21도에서 25도 사이. 개체수가 늘어 10마리가 넘으니 사소해 보여도 손이 참 많이 간다.

아이의 파충류 사랑은 여전하다. 뱀도 귀엽다고 하고, 파충류 카페에 가면 볼파이톤을 목에 감으려 한다. 혀를 날름거릴 때마다 나는 몸을 움찔한다. 어릴 적, 남자아이들이 죽은 뱀 꼬리를 잡고 빙글빙글 돌리면서 쫓아오던 기억 때문일까. 지금도 피곤한 날이면 뱀이 온몸을 기어오르는 꿈을 꾼다.

"엄마, 한 번만 만져봐."
내가 비명을 지르고 도망치면, 아이는 배를 잡고 웃는다. 엄마가 무서워하는 모습이 그렇게 재밌단다. 그런 내가 지금은 파충류를 키우고 있다.

도마뱀은 짖지 않고, 말하지도 않는다. 교감하기 위해서는 손에 익숙해질 수 있도록 핸들링이 필요하다.

다른 반려동물보다는 시간을 덜 들여도 되지만 그 맑고 큰 눈을 보고 있으면 자꾸 마음이 간다.

오늘도 나는 그 생명체에게 물을 뿌리고 밥을 주고, 바스락거리는 소리에 귀 기울인다. 말은 없지만, 조용히 우리 곁을 지키는 찹쌀떡 같은 존재. 우리집의 아주 특별한 동거인이다.

"엄마는 해도 되고, 나는 왜 안 돼?"
산소같은 핸드폰 내려놓기

    아이의 초등학교 입학을 앞두고 불안이 올라오기 시작했다. 바뀐 환경에서 화장실을 잘 갈까? 학원 차를 놓치면 어쩌지? 친구들과 잘 어울릴까? 핸드폰을 사줘야 하나 말아야 하나? 주위 선배 엄마들에게 물어도 보고, 맘카페도 찾아보니 핸드폰은 최대한 늦게 사주는 것이 좋다고 한다. '그래 아직은 이르지. 핸드폰 쓸 일도 별로 없을 텐데.'

우리집엔 늘 방해꾼이 있다는 걸 잠시 잊고 있었다. 어느 날, 남편이 아이에게 선물이라며 노란 상자를 내밀었다. 세상에. 초등학교 1학년에게 아이폰이라니. 정말이지, 매번 느끼지만 이 사람은 왜 이렇게 나랑 안 맞을까?

"애한테 뭐가 좋다고 벌써 핸드폰을 사와? 그것도 고가폰을."

"연락하려면 필요하지, 그리고 그렇게 안 비싸."

'그 입 다물라.'

주둥이를 한 대 때리는 상상을 했다. 속이 부글부글 끓었다. 말싸움하면 뭐하랴. 한숨 한번 크게 쉬고 넘겼다. 핸드폰을 갖게 된 아이는 '천국'을 맛보았고, 이때부터 전쟁이 시작됐다. 나는 아이에게 계속 부정적인 말만 했다. 1~2학년 때까지만 해도 아이는 핸드폰을 적당히 사용하며 말을 잘 들었다.

올해 3학년이 되자 상황이 달라졌다. 아이는 핸드폰을 손에서 놓지 않으려 하고, 말대꾸도 늘었다. '아이가 벌써부터 사춘기에 하는 행동을 하는 것이 아닌가' 처음엔 아이만 나무랐지만, 곧 깨달았다. 아이 탓만 할 수 없다는 것을.

"엄마는 해도 되고, 나는 왜 안 돼?"

이 한마디에 할 말을 잃었다. 아이는 부모의 거울이라는데, 작년보다 더 자주 핸드폰을 보고 있는 나를 발견했다. 최근엔 스탠딩 핸드폰 거치대까지 샀으니 말 다 했다. 그동안 시간제한을 하겠다고만 해놓고, MBTI 'P' 성향답게 실제 약속을 정한 적도 없었다. 시간약속도 정하지 않고, 아이에게 '그만 좀 보라'며 요구했다.

최근 한 개그맨이 대치동 엄마를 패러디하는 장면이 떠올랐다. 아이에게 "절제해야 해요!"라고 말하면서, 정작 자신은 음식 여섯 개를 시키는 그 모습. 나도 모르게 웃었지만, 뼈 때리는 장면이었다.

"알겠어, 엄마도 줄일게. 우리 너무 많이 보니까 앞으로는 줄이자."

"엄마, 아빠가 안 놀아주니까 그렇지."

사실을 이야기하는 아이로 인해 죄책감이 밀려왔다. '내가 지금 무얼 놓치고 있는 걸까'하는 생각이 들어 마음이 무거웠다. 외동이 키우기 더 힘들다더니 아이는 끊임없이 같이 놀자고 한다. 같이 놀아주어도 아이는 만족해하지 않는다. 물론 아이가 만족할 만큼 시간이 충분하지 않았다. 그리고 아이처럼 놀이에 몰입해서 노는 것이 쉽지 않았다. 노는 척하기 때문에 아이가 느끼는지도 모르겠다. 그래서 잘 놀아주는 이모,

삼촌 찬스를 많이 썼다. 숨바꼭질, 무궁화 꽃이 피었습니다. 술래잡기 등 아이는 지칠 줄 몰랐다. 드라마 '오징어 게임'만큼 무한 게임지옥에 빠져 공포감을 느낀다는 이모.

"이모가 전화를 안 받아. 삼촌도 안 받고."

주말마다 놀아주던 이모와 삼촌이 전화를 받는 횟수가 줄었다.

한때, 엄마표 육아의 달인 김선미 작가의 『지랄발랄 하은맘의 불량육아』 책을 따라 이상적인 육아를 해보려 했다. 3년 동안 아이와 지지고 볶으며, 아이를 훌륭하게 키운 하은맘은 존경의 대상이었다. 하은맘이 추천하는 전집, 독서대, DVD 플레이어 등도 준비했지만 현실은 달랐다. 결국 나는 16개월 만에 두 손 들고 일터로 도망쳤고, 그 꿈은 조용히 접어야 했다.

아이는 말문을 일찍 터트렸고, 소아과 의사는 미디어 노출을 최대한 늦게 시키는 것이 좋다고 했다. 하지만 이미 늦었다. 아이는 뽀로로에 나오는 '에디 박사' 이야기를 하고 있었으니까.

아이 8개월부터 TV를 틀기 시작했는데, 아이보다 내가 미디어에 더 중독되어 있었다. 그림책만으로는 하루를 버틸 수 없었고, 결국 TV라는 편안함에 손을 내밀었다. 죄책감은 자존감 저하로 이어졌다. "내가 엄마 자격이 있을까?" 자책으로 하루를 마무리했다.

사실 나도 어릴 적 TV로 자랐다. 주말이면 온종일 TV가 켜져 있었고, 소음 없는 집은 적막하게 느껴졌다. 초등학교 4~5학년 때였던 것 같다. 어느 날, 아빠는 TV를 너무 많이 본다며 하나밖에 없는 TV도 못 보게 선을 잘라버렸다. 충격이었다. 하지만 포기할 수 없었다. 아빠 어깨너머로 본 대로, 칼로 전선을 깎으니 금속 전선이 나왔다. 두 전선을 꼬아서 연결하고, 검은 테이프를 감았다. TV가 다시 나올 때의 기쁨, 아직도 생생하다.

TV를 향한 집념은 강했다. 가장 재미있는 프로그램은 SBS에서 많이 하지만 우리집은 SBS가 잘 안 나왔다. SBS를 보기 위해 장독대 위 안테나를 돌려야 했다. 그 수고로움은 충분히 감당할 만했나. 비기 오거나 바람이 부는 날에는 KBS까지 화질이 좋지 않았다. 설레는 마음으로 얼마나 '천사소녀 네티'를 기다렸는데, 지직거리는 화면으로 볼 수는 없었다. 동생에게 TV가 잘 나오는지 보라며 밖으로 뛰쳐나갔다.

"잘 나와?"
"아니."

"지금은?"

"됐어! 잘 나와."

비바람 맞으며 간절한 마음으로 안테나를 조금씩 돌리며 소리쳤던 모습을 떠올리니 웃음이 난다.

만화를 보며 행복해하던 나는 여전히 드라마를 보며 위로를 받고 있다. TV는 울고 웃고, 감정을 푸는 방식이 되었다.

나는 그렇게 좋아했지만 우리 아이는 보지 않길 원했다. 그래서 새집으로 이사하면서 거실엔 TV를 두지 않기로 했다. 대신 안방에 두었다. 안방에 설치한 TV는 장식품이 되었지만 대신, 핸드폰을 숨 쉬듯 보고 있다. 요즘 아이들이 "핸드폰은 산소다."라고 말한다는데, 나도 요즘 아이인가보다. 나도 안다. 핸드폰을 놓아야 한다는 걸. 아이에게만 절제하라고 말할 게 아니라, 나도 내 감정을 절제할 수 있어야 한다. 그런데 그게 쉽지 않다. 당장의 만족, 즐거움을 주는 도파민을 만들어 내는 가장 빠른 방법이 되어버렸으니까.

"그래, 엄마도 핸드폰 너무 많이 봤어. 우리 같이 하루에 한 시간은 핸드폰 없이 지내보자. 대신 우리 뭐 할까?"

말하자마자 아이는 보드게임을 꺼냈다. 역시, 아이가 문제가 아니었다. 아이는 물 만난 고기 냥 인제 이런 또 기회가 있겠냐는 듯이 흥분해서 규칙을 추가하고, 벌칙을 정했다. 어릴 때는 게임에서 지면 울고 난리를 쳤는데, 이제는 컸다고 결과에 승복할 줄도 안다.

아이에게 무엇을 가르치려면, 먼저 내가 그 모습을 보여줘야 한다는 것을 요즘 자꾸 실감한다. '절제', '약속' 이런 말을 하기 전에 행동으로 보여줘야 한다는 걸 알지만 실천하기가 쉽지 않다. '핸드폰 사용 시간 줄이기'는 매년 세우는 새해 목표이니 말이다.

기분이 태도가 됩니다, 집에서는

나이 마흔에 마주한 진짜 나의 얼굴

인생의 절반 정도 살아왔을까? 짧지도 길지도 않은 이 어중간한 지점에서 삶을 돌아본다. 나는 인생을 제대로 살고 있는가. 어릴 적에는 어른이 되면 자연스레 모든 걸 알고, 완벽한 사람이 될 거라고 믿었다. 그러나 몸만 자랐을 뿐, 마음은 여전히 어린 아이로 남아 있는 경우가 많았다. 지금 나처럼.

결혼과 출산은 나이 들면 당연히 해야 하는 것처럼 여겨, 사회적 통념에 따랐지만 정작 '나'라는 사람에 대해 진지하게 고찰을 해본 적이 없다. 늘 상대방에 대해서만 궁금했을 뿐, 나는 늘 뒷전이었다. 뒤늦게 깨달았다. 결혼은 결국 서로를 알아가는 과정이지만, 무엇보다 중요한 건 자신을 먼저 아는 일이라는 것을.

그동안 장녀라는 이유로 늘 스스로 선택하고, 책임져야 한다는 의무감을 안고 자랐다. '남에게 피해를 주면 안 된다.'는 강박, '남들만큼은 해야 한다.'는 부담이 늘 나를 따라다녔다. 그래서 늘 타인의 눈치를 살피고, 사람들을 친절하게 대하고, 성실하게 살려고 노력했다. 하지만 내 가정을 꾸리고 난 후, 이상하게 집에서는 가족에게는 남에게 하는 만큼 하지 못했다.

"학교 가기 싫어."

일요일 저녁만 되면 아이는 내일 학교 가기 싫다고 울었다. 대성통곡을 하며 학교가 없어졌으면 좋겠다고 했다.

"회사 다니는 어른들도 마찬가지야. 다 똑같아."

아이를 달랬지만 많은 에너지를 쏟으며 설득해야 했다. 어릴 적, 나도 일요일 저녁 개그콘서트가 끝나면 내일이 월요일이라는 사실에 금방 우울해졌었기에 그 심정은 이해가 갔다. 하지만 나도 미숙한 사람이리 아이의 징징대는 소리가 듣기 싫고 달래고 싶지 않을 때가 있다.

일관성 없는 양육태도는 아이가 부모의 반응을 예측할 수 없기 때문에 정서적으로 불안감을 느낄 수 있다는데, 일관성 없는 경우가 많다. 내 기분이 괜찮고 에너지가 있는 날에는 차분히 이야기하고 기다리지만, 기분이 좋지 않은 날에는 아이가 미워지고 또 시작이라는 생각이 들면서 짜증이 났다. 내 마음속 철부지 아이가 자주 튀어나왔다. 남의 아이라면 분명히 공감하면서 친절하게 설득했을 텐데. 밖에서는 사회적 가면을 쓰고 다니면서 집에서는 본능에 충실한 태도라니. 누군가의 감정 쓰레기통이 되어 본 적이 있다면, 기분과 태도를 분리해야 한다는 것을 알지만 쉽지 않다.

아이를 키우면서 부모의 역할이 얼마나 중요한지 절실히 느낀다. 오은영 박사가 아이와 부모를 분석하고 코칭하는 프로그램을 보면서 다시 한번 깨달았다. 아이의 문제행동이 부모의 그림자에서 비롯된다는 것을. 나 역시 무심코 내뱉은 말로 아이의 마음을 다치게 하고, 감정에 치우친 행동으로 아이의 자존감을 깎아내렸다.

어느 날 아이가 말했다.

"엄마는 왜 친구들한테는 친절하면서 나한테는 그래?"

아이는 내 전화받는 흉내를 내며 장난을 쳤다.

"엄마는 전화 받을 때 친절하게 '안녕하세요? 어머네네.' 이러다가 전화 끊고 나면 '숙제했어? 어? 아까부터 하라고 했지?' 하면서 사자가 포효하는 것처럼 변하잖아."

가슴 한쪽이 따끔하게 찔렸다. 함께 사는 가족에게야 말로 남보다 더 예의를 지키고, 더 배려해야 하는데, 정작 가장 소중한 사람들에게 실천하지 못했다.

"엄마, 그리고 비교 좀 그만해."

"내가 언제 비교를 했다고 그래?"

반사적으로 일단 발뺌을 했지만, 나도 안다. 은근슬쩍 비교를 했다는 것을. 누구는 학원 숙제를 벌써 다 했다더라, 누구는 야채도 잘 먹더라, 그렇게 말해왔던 나였다.

한번은 아이가 반격했다.

"엄마, 아윤이 엄마는 날씬하고 예쁘던데? 이렇게 비교하면 기분 나쁘지? 나도 똑같아."

순간 갑자기 가슴이 철렁 내려앉았다. 초3한테 이런 소리를 듣다니.

"어떻게 그렇게 말할 수가 있어? 엄마 상처받았어."

상처받았다고 말했지만, 사실은 내가 그동안 무심코 던진 말로 아이의 자존심을 긁어왔다는 걸 인정할 수

밖에 없었다.

나는 가족의 말을 끝까지 듣기보다, 마음속에 미리 고정관념을 세워두고 반응하는 경우가 많았다. 이상하게도 집에서는 기분이 태도가 되는 일이 많았다. 가장 중요한 사람들에게 말도 예쁘게, 귀도 더 기울였어야 했는데 그러지 못했다.

"엄마, 화났어?"

"아니."

"화 난 것 같은데?"

"아냐. 화 안 났어."

컵의 물을 쏟는 아이의 실수에 괜찮다고 말했지만 내 표정은 거짓말을 못 했다. 한숨을 쉬고, 짜증이 섞인 표정을 아이는 대번 읽어냈다. 내 몸이 편하고자, 조금 불편을 감수해야 하는 일에 금방 눈빛, 표정, 목소리 등으로 불쾌하다는 신호를 주고 있었다. 얼마나 모순된 행동인가. 어른이 되기에 아직 멀었다. 기분이 나를 지배하도록 놔두고 있었다.

'기분이 태도가 되고, 태도가 인생이 된다.'는 말이 있다. 감정을 잘 다스릴 수 있는 사람이야 말로 진정한 어른이 아닐까 생각한다. 나는 평범한 일상 속에서 희노애락을 느끼며 그럭저럭 살아간다. 그러다 문득 깨닫는다. '행복'은 특별한 것이 아니라는 걸.

"고맙다, 사랑한다, 미안하다."
내가 좋아하는 사람들과 함께 하면서 더 많이 배려하고 존중하고 표현해야겠다. 그리고 마음속으로 주문을 외워본다.

'나는 충분히 나의 감정을 선택할 수 있다.'

딸에게 준다, 햄버거 대신 밥 냄새를

할머니가 주신 밥상의 온기와 힘

얼마 전, 시가에서 받아온 무짠지를 맛보았을 때 깜짝 놀랐다. 레시피도 없이 만들었다는데, 어쩌면 그리도 돌아가신 할머니 손맛과 닮았을까. 할머니가 돌아가신 후, 우리집 밥상에서 짠지는 사라졌다. 대신 무생채가 올라왔다. 어머니가 주신 된장과 간장은 천연조미료처럼 감칠맛이 났다. 장류를 만드는 것이 얼마나 고된지를 알기 때문에 어머니의 노고와 정성에 감사했다.

어릴 적, 우리집도 된장을 직접 담가 먹었다. 콩으로 메주를 쑤던 날이 고스란히 기억난다. 앞마당에서 절구에 삶은 콩을 찧던 아빠, 나도 한번 해보겠다며 찧어보던 기억, 콩을 삶는 냄새, 메주콩을 입에 넣어주시던 할머니의 손길. 추운 겨울에 말린 메주를 방에 들여 쿰쿰한 냄새가 나는 못생긴 메주와 함께 지냈던 기억.

이제는 된장도, 고추장도 집에서 만들지 않는다. 풍경은 간소해졌고, 음식은 편리해졌다. 그럼에도 윤기 흐르는 밥 한 공기와 나물 반찬을 보면 할머니가 떠오른다. 밥상은 단순한 영양 공급 수단이 아니다. 내게는 말 없는 위로다.

"오늘 하루도 수고했다."

"괜찮아, 잘하고 있어."

나 역시 가족에게 그 힘을 주고 싶었다. 요리를 잘하고 싶어 결혼 후 야간 한식 수업에 등록했다. 지금 생각해 보면, 퇴근 후 피곤한 몸을 이끌고 저녁 7시 수업에 어떻게 참여했는지 모르겠다. 수업은 한식 자격증 취득을 위한 과정이라 미적인 기준이 중심이었다. 자격증 취득이 목적은 아니었기에, 수업은 내가 기대한 것과는 달랐다. 그래도 손끝이 익어가자 요리에 자신감이 붙었다. 내가 만든 음식을 가족에게 먹이고 싶어졌다.

전날 배운 음식을 아침상에 차려냈지만, 남편은 매번 속이 안 좋다며 그냥 가버렸다. 남편은 밥 대신 인스턴트 빵이나 햄버거 따위로 배를 채웠다. 바빠도 아침밥은 잘 챙겨 먹고 출근하라는 어머니의 의미심장한 말씀이 떠올라, 나도 모르게 쏘아붙였다.

"아니, 그럼 부모님이랑 살 때는 어떻게 했어?"

남편은 아침밥을 먹는 척만 하고는 반찬을 도로 넣어두고 출근했단다. 그러니 앞으로는 아침밥을 차리지 말라고 했다. 아침부터 바쁜데 잘됐다고 뾰족하게 말했지만, 한편으로는 서운하기도 했다. 남편은 밥에 진심인 나와는 달랐다. 그에게 밥은, 배가 고플 때 채우는 수단일 뿐이었다.

어릴 적, 식사를 거른다는 것은 있을 수 없는 일이었다. 삼시 세끼는 꼬박 먹는 것으로 알았다. 나도 가족들에게 집밥을 잘 챙겨주고 싶었다. 아이에게도 그 마음을 전하고 싶었다. 하지만 현실은 녹록지 않았다. 햄버거와 감자튀김을 즐기고, 배달 음식을 반기는 아이 역시 밥상 앞에서 시큰둥했다.

"엄마, 햄버거 먹고 싶어."

"밥 먹어야지. 밥 다 됐어."

메뉴가 마음에 안 들었는지 아이는 햄버거 타령을 했다.

"엄마 어릴 때는 '반찬이 마음에 들고 안 들고.'가 어딨어. 없으면 없는 대로 먹어야지. 밥투정하면 밥도 못 먹었어."

밥투정하지 말라고 으름장을 놨건만 효과가 없는 듯했다.

"에효. 엄마 또 나 때 얘기야? 라떼는 말이지, 어쩌고저쩌고."

나도 안다. 어린 시절 이야기하다 보면 결국 북한, 아프리카 굶어 죽는 아이들 이야기로 흘러간다는 걸. 그리고 보니 내가 어릴 적 부모님께 들었던 말을 똑같이 하고 있었다.

현관 벨이 울렸다. 햄버거 배달이었다. 말없이 배달음식을 주문하는 부녀를 보면 화가 올라온다. 햄버거를 먹는 부녀가 괜스레 못마땅했다.

"야채도 먹어야지."
"감자도 야채고, 토마토도 야채야. 다 먹고 있어."
아이는 햄버거에 든 상추와 양파를 골라내고, 감자튀김에 케첩을 찍어 먹으며 능청스럽게 대꾸했다. 이제 말로는 설득하기조차 힘들다.

그럼에도 나는 여전히 생선 한 토막, 찌개 하나, 계란후라이, 김, 김치로 차린 소박한 밥상을 고집한다. 어릴 때 먹던 밥상이다. 아니, 자반 고등어가 올라온 밥상은 결코 소박한 밥상은 아니었다.

어릴 적, 머리에 생선 바구니를 이고 버스 타고 동네를 다니는 생선장수 할머니가 있었다. 마지막 떨이 때면 꼭 우리집을 들르셨는데, 돈이 없다고 해도 다음에 달라며 외상을 달고 생선을 놓고 가셨다. 생선 장사로 삼남매를 대학까지 보냈다는 그 할머니. 그분이 오시는 날이면, 다섯 남매는 의도치 않게 맛있는 고등어를 먹을 수 있어 좋았다. 바삭하게 구운 자반 고등어 냄새는 집안에 퍼졌고, 그 냄새를 따라 식구들이 모였다.

아이가 유일하게 좋아하는 자반 고등어를 굽고 나면 냄새가 집 안 가득 퍼진다. 냄새를 없애보겠다고 창문을 열고, 향초를 피우느라 분주해진다. 예전에는 냄새 하나에 요란을 떨지 않았었다. 오히려 그 냄새가 사람 사는 냄새 같아서 좋았다.

"엄마, 김치부침개 해줘."

주말 아침, 일어나자마자 아이가 부침개를 찾는다. 생김치는 싫어하면서도 김치부침개는 좋아한다. 잘 안 먹는 야채를 부쳐주면 어미의 노력에 약간의 성의를 보이는 편이다.

어릴 적, 바쁜 부모님 대신 늘 할머니가 곁에 있었다. 집에 누군가 있다는 사실만으로 마음이 편안했다. 나 또한 부모님처럼 벅고사느리 집은 비어 있다. 아이에게 그런 안정감을 줄 수는 없더라도 따뜻한 음식만큼은 전해주고 싶다. '특별히 잘하지 않아도 괜찮다', '존재만으로도 충분히 사랑받을 만한 사람이다.'라는 내가 물려받은 따뜻한 밥상의 기억이, 아이에게 또 하나의 위로로 이어졌으면 한다. 언젠가 아이도 기억해주면 좋겠다. 부엌에서 퍼지던, 엄마의 밥 냄새를.

나가며

시간이 흘러 이제는 내가 누군가의 밥상을 차리는 사람이 되었다. 한 끼를 차리는 일은 단순한 노동이 아니었다. 밥상 위에는 언제나 위로와 사랑이 함께 놓여있었다. 나는 그 사실을 식탁 맞은편에 앉은 아이의 웃음 속에서, 매일 새롭게 확인하며 살아간다.

할머니의 소박한 밥상은 식구들이 하루를 단단히 살아갈 수 있는 힘이 되어 주었다. 이 책은 그 밥상에서 비롯된 기억들과 지금의 삶을 오가며 쓴 마음의 기록이다.

글을 쓰며 깨닫는다. 글 쓰는 일도 밥을 짓는 일과 다르지 않다는 것을. 좋은 재료를 고르고, 불의 온도를 살피며, 정성을 담아 한 그릇을 내어놓듯이, 나 또한 내가 받은 밥상처럼 나도 누군가의 마음을 따뜻하게 데우고 싶다. 오래도록 남는 밥 냄새처럼, 이 기록 또한 누군가의 기억 속에 은은히 머물기를 바란다.

으지직, 어금니를 잃고도 나는 먹었네

지은이 | 남재숙
이메일 | masimaro1517@hanmail.net
발행처 | 도서출판 진포
발행일 | 2025년 12월 10일

ISBN | 979-11-93403-49-5

인　쇄 | 진포인쇄
주　소 | 전북특별자치도 군산시 팔마로4
전　화 | 063)471-1318